Kleines Ungarisches Kochbuch

Kleines Ungarisches Kochbuch

Von Károly Gundel

RVG

Rheingauer Verlagsgesellschaft

Originaltitel: Kis magyar szakácskönyv
Mitarbeiter der ungarischen Originalausgabe:
Károly Márk, Meisterkoch und Küchenchef des Hotels „Erzherzog Stephan" von János Gundel
János Rákóczi, Meisterkoch und Küchenchef des Hotelrestaurants „Gellért" von Károly Gundel
Elek Rehberger, Meisterkoch und Küchenchef der Gaststätte im Stadtwäldchen von Károly Gundel

– Die Rezepte sind für 6 Personen berechnet –

Die Farbfotos fertigte János Huschit unter Verwendung von Exponaten aus dem Ungarischen Museum für Handel und Gaststättengewerbe an
Die auf den Fotos abgebildeten Gerichte kreierten Márton Jung, der 40 Jahre lang als Meisterkoch im Hause Gundel tätig war, und Sándor Tréfás
Ins Deutsche übertragen von Hannelore Schmör-Weichenhain
Gestaltung: László Tasnádi

Auf dem Umschlag: Beefsteak nach Feszty

ISBN 388102 069 1
Vertriebsrecht für die BRD, Schweiz und Österreich
Gemeinschaftsausgabe des Corvina Kiadó, Budapest
mit der Rheingauer Verlagsgesellschaft, Eltville am Rhein
Printed in Hungary 1986
Druckerei Kner, Békéscsaba

1.

Vorwort des Verlages

Dieses Büchlein erschien 1934 zunächst in deutscher Sprache, dann in Englisch, später auch in Französisch, und einige Rezepte wurden zur Popularisierung des Paprikas sogar ins Japanische übersetzt. Erst nach diesen Ausgaben kam es zu einer ungarischen Veröffentlichung, und nach dem Tode des Autors erschien das Kochbuch auch in russischer, tschechischer und italienischer Sprache. In Deutsch und Englisch wurde in den letzten Jahren eine Miniaturausgabe des Buches veröffentlicht.

Beweis für den Erfolg des Werkes ist die Tatsache, daß es bisher 38 Auflagen erlebte und Hunderttausende von Berufs- und Hobbyköchen auf der ganzen Welt das Büchlein zur Hand nahmen.

Für die Notwendigkeit der nunmehr vorliegenden überarbeiteten Ausgabe mögen die Worte Escoffiers stehen, der im Vorwort seines 1907 erschienenen Buches „Le guide culinaire“ folgendes schrieb:

„Wir müssen zur Kenntnis nehmen, daß sich die Gewohnheiten und die Lebensweise seit 1850 geändert haben und sich somit auch die Kochkunst wandeln mußte. Die wunderbaren Werke von Carême, Dubois oder Bernard entsprachen den Gewohnheiten ihrer Zeit, als Dokumente und als Grundlage unserer Arbeit haben sie ewigen Bestand. Das Gesamtbild aber, das sie redlich erarbeiteten, entspricht nicht mehr den Anforderungen von heute. Wir haben diese ausgezeichneten Werke zu schätzen und müssen uns darin vertiefen, doch anstelle sklavischer Nachahmung gilt es, neue Wege zu suchen, die der Praxis und den Gewohnheiten unserer Tage entsprechen…“

Seit der Erstausgabe des Kochbuches von Károly Gundel sind nunmehr fünfzig Jahre vergangen. Seitdem haben sich die Ernährungs- und Kochgewohnheiten ebenfalls weitgehend verändert, neue Produkte der Nahrungsmittelindustrie erschienen auf dem Markt, neue Back- und Kochgeräte sowie -anlagen wurden entwickelt, neue Gerichte kreiert, neue Geschmacksnormen geboren. Der Aufschwung des Fremdenverkehrs brachte reiche Erfahrungen und lehrte, welche unserer Gerichte dem internationalen Geschmack mehr oder weniger nahekommen. Und schließlich gingen auch von den Lesern viele nützliche Hinweise ein.

Eine vollständige Überarbeitung des Werkes erschien erforderlich und zeitgemäß. Die Aufgabe übernahmen die Söhne des Autors, beide Fachautoren auf dem Gebiet der Kochkunst. Ferenc

Vorwort des Verlages

Gundel war bis zu seinem Tode Dozent an der Hochschule für Gaststättengewerbe, Imre Gundel ist Mitarbeiter des Gastgewerbemuseums. Da sich 1983 der Geburtstag ihres Vaters zum hundersten Mal jährte, bringen wir, ihrer Bitte entsprechend, zusätzlich eine kurze Biographie von Károly Gundel, dessen Verdienste in der Entwicklung des Gaststättengewerbes und des Fremdenverkehrs und dessen allgemeine menschliche Werte auch im heutigen Ungarn hohe Anerkennung finden. Das kommt unter anderem darin zum Ausdruck, daß die 1949 verstaatlichte Gaststätte ihres Vaters im Stadtwäldchen auch heute noch den Namen Gundel trägt.

* * * * * * *

Es erschien uns zweckmäßig, die Arbeitsgänge bei den einzelnen Rezepten in der zeitlichen Reihenfolge der Zubereitung der Speisen zu beschreiben, und in der gleichen Reihenfolge werden auch die Zutaten genannt.

Abschließend sie noch folgender Ratschlag erlaubt: Bevor der Leser mit der Zubereitung irgendeines Gerichtes beginnt, möge er unbedingt erst das Kapitel IV lesen.

Der Verlag

2.

Kurze Biographie

(* Budapest 23. Sept. 1883, † ebd. 28. Nov. 1956)

Károly Gundel war ein einfacher, bescheidener, warmherziger und ehrlicher Gastwirt, der seine Familie und seinen Beruf liebte.

Sein Name gehört zu Budapest wie Sacher zu Wien, Kempinski zu Berlin oder Horcher zu Madrid, der bekannte amerikanische Gastronomiekolumnist Joseph Wechsberg stellt ihn in seinem Buch „Die blaue Forelle und die schwarze Trüffel" (New York, 1953) sogar mit Escoffier und Fernand Point auf eine Stufe.

Kurze Biographie

Sein Vater, János Gundel, war 35 Jahre lang Vorsitzender der Gewerbevereinigung der Budapester Hoteliers, Gastwirte und Schankwirte gewesen; unter anderem leitete er das Hotel Erzherzog Stephan. Károly begann sich hier noch während seiner Schuljahre Kenntnisse zu seinem späteren Beruf anzueignen, um dem Familiennamen, den er vom Vater „sauber und strahlend" erbte, weiter Ehre zu machen und zu Weltruhm zu verhelfen. Nach seinen Studienreisen ins Ausland wurde er mit 23 Jahren Hotelsekretär der Waggon-Lits-Niederlassung in Tatralomnitz, zwei Jahre später Direktor. Nach seiner Familiengründung war er von 1910 bis zur Verstaatlichung im Jahre 1949 Pächter der Budapester Gaststätte im Stadtwäldchen. Inzwischen hatte er von 1920 bis 1925 das „Royal" von 1927 bis 1948 auch noch das Hotelrestaurant Gellért in Pacht.

Auf seinen Speisekarten standen neben Gerichten der ungarischen und französischen Küche auch regelmäßig eigene Kreationen. Seine Auswahl beruhte auf ungarischen und ausländischen Erzeugnissen, Primeurs in großer Zahl. Er hatte sie in Budapest immer als erster im Angebot. Seine Getränkekarte enthielt in den dreißiger Jahren mehr als 300 gute Tropfen, unter anderem Tokajer aus dem Jahre 1811 und ausländische Spezialitäten.

Sein Leben verlief wie das anderer Gastwirte seiner Zeit. Morgens begab er sich zum Einkauf in die Markthalle, dann erledigte er im Gellért die Büroarbeiten, Leitungsfragen und Personalangelegenheiten, mittags und abends widmete er sich seinen Gästen, zuerst im Gellért, dann im Stadtwäldchen. Zwischendurch, am Nachmittag, las er Fachliteratur und schrieb seine Fachbücher. So ging es jahrzehntelang tagein, tagaus, nahezu ohne einen einzigen Ruhetag.

Seine anspruchsvollen Gäste in beiden Restaurants, unter denen sich Leute verschiedenen Standes und Ranges, unterschiedlicher Nationalität und Parteizugehörigkeit — Politiker, Persönlichkeiten des öffentlichen Lebens, Künstler, Schriftsteller, Publizisten, Wissenschaftler, Handwerker, Kaufleute, Anwälte und Arbeiter — befanden, behandelte er stets mit größter Zuvorkommenheit und aufmerksamer Fürsorge. Er selbst bekannte: „Ich betrachte mich nicht als einen Gastwirt, der Getränke und Speisen verkauft, sondern immer als einen ungarischen Gastgeber und Patron, dessen Haus die Gäste mit ihrem Besuch beehren."

Ein guter Hausherr ist unvorstellbar ohne eine tatkräftige Hausfrau! Károly Gundel hatte auch sie. Seine ideale Gattin war nicht nur eine ausgezeichnete Ehefrau und Mutter seiner 13 Kinder, sondern auch eine tüchtige Geschäftsfrau mit gutem Geschmack, die ihm nahezu 50 Jahre lang zur Seite stand und zu seinen Erfolgen und Leistungen beitrug. Weitere Teilhaber seiner erfolgreichen Laufbahn waren seine Mitarbeiter, von denen nicht wenige 20 oder gar 30 Jahre bei ihm arbeiteten.

Kurze Biographie

In der Zeit zwischen den beiden Weltkriegen spielte Károly Gundel im Wirken der Gewerbekorporation der Hoteliers und Gastwirte und in der Handels- und Gewerbekammer eine große Rolle. Er erwarb sich bedeutende Verdienste in der Entwicklung des Fremdenverkehrs und bei der internationalen Popularisierung der ungarischen Küche.

Von seinen Büchern sind besonders erwähnenswert die Titel „Kleines ungarisches Kochbuch" und „Entwicklung der Küche und ungarische Kochbuchliteratur bis zum Ende des 18. Jahrhunderts" (Budapest, 1943) sowie das gemeinsam mit dem ungarischen Schriftsteller Frigyes Karinthy verfaßte Büchlein „Gast bewirten, Gast sein" (Budapest, 1933) und dessen erweiterte Ausgabe „Die Kunst der Gastfreundschaft" (Budapest, 1934). Für den Berufsstand der Gastwirte schrieb er den Band „Meisterschaft der Gastwirtschaft" (Budapest, 1940).

Das Schicksal meinte es nicht gut mit ihm. Im zweiten Weltkrieg verlor er den größten Teil seines Vermögens. 1948 erblindete er und erkrankte dann an Krebs. Doch bis zu seinem Lebensende, bereits schwerkrank, war er stolz darauf, daß an der Fassade der Gaststätte im Stadtwäldchen weiterhin sein Name stand. „Das ist gerade so, als ob jemandem schon zu Lebzeiten ein Denkmal errichtet wird", resümierte er. Ausgesprochen hat er es nicht, aber sicher fühlte er, daß er es verdient hatte, daß er dafür gearbeitet hatte!

3.

Auszüge aus Károly Gundels Schriften

Fast geniere ich mich, den Freunden des gedeckten Tisches und insbesondere der ungarischen Küche dieses kleine Büchlein in die Hand zu geben. Ich gestehe, es enthält nicht das, was ich am liebsten geben möchte — ein vollständiges und klares Bild von der ungarischen Küche der Gegenwart, es beinhaltet nur die Zubereitungsvorschriften für einige typische ungarische Gerichte und Spezialitäten meines Hauses.

Meine Absicht wäre es, denjenigen, die es *heute* interessiert, etwas zu bieten, an dem sie und ihr Familien- und Freundeskreis sich ergötzen, das ihre Tafel abwechslungsreicher macht, und auch denjenigen, die sich einmal rückblickend für das Kochen und Backen der heutigen Zeit interessieren werden, um daraus Lehren zu ziehen oder amüsiert darüber zu lächeln.

Die heutige ungarische Küche ist bei weitem nicht identisch mit der, die unsere Vorfahren vor einem Jahrtausend ins Karpatenbecken brachten, ihre kennzeichnenden Merkmale weichen sogar von den Bräuchen ab, die noch vor ein bis zwei Jahrhunderten üblich waren. Die moderne ungarische Küche trägt auch heute untrügliche Spuren der ältesten Zeiten, und einige ihrer Speisen sind nah verwandt mit denen, die noch heute in der asiatischen Urheimat der Ungarn zubereitet werden.

Zur Zeit der Völkerwanderung und noch früher haben die Urungarn das Leben von Nomadenstämmen geführt. Obgleich aus dieser Zeit keine diesbezüglichen Aufzeichnungen überliefert sind, ist es doch mehr als wahrscheinlich, daß sie sich für die Zeit ihres Umherwanderns sozusagen eine Konserve zubereitet haben, die sie bei Ruhepausen zu einem Fertiggericht kochen konnten. Das heute bekannte *tarhonya* (Eiergraupen)* ist eine Art der damals an der Sonne getrockneten Teigwaren, die noch heute von der Nahrungsmittelindustrie hergestellt und angeboten wird. Und nicht nur die ungarischen Hirten der Tiefebene kochen und bevorzugen heute *tarhonya,* auch bei den kaukasischen Völkern, in der Mongolei, in Persien und auf dem Balkan ist diese Teigware — teils mit ähnlichem Namen (Tarana, Tarkhana) — gebräuchlich.

---

* Getrockneter und zu etwa graupengroßen Stückchen zerkrümelter Eierteig (Rezept 90)

Auszüge aus Károly Gundels Schriften

Auch unter den Kochgefäßen finden die Ungarn ein Erbstück, das ihre nomadisierenden Vorfahren vor einem Jahrtausend mitgebracht haben. Der *bogrács,* ein Kessel, an einem Griff übers offene Feuer gehängt, wird auch heute allgemein verwendet.

Ganz sicher haben die Urungarn bei ihrem Umherstreifen in diesem *bogrács* gulaschartige Speisen zubereitet*, und diesen Brauch behielten sie, auch als sie seßhaft wurden, bei.

---

* Hier handelt es sich natürlich um ein Gericht ohne Kartoffeln, Tomaten und Paprika. — Im 9. Jahrhundert z. B. trieben die Byzantiner zu ihrer Verpflegung Rinder mit sich, wodurch die Marschgeschwindigkeit des Heeres sehr niedrig war. Den ungarischen Kriegern hingegen folgten Pferde, die die haltbar gemachte, getrocknete Milch (kurut), Teigwaren und Fleisch transportierten. Wenn Ungarn zu einem Wasserlauf kamen, kochten sie in ihren Gefäßen Wasser ab, gaben das Trockenfleisch hinein und erhielten, das Ganze zu einem Brei angedickt, eine schmackhafte Nahrung.

In der Folgezeit haben verschiedene ausländische Einflüsse dazu beigetragen, daß die ungarische Küche zu dem wurde, was sie heute ist.

Im Mittelalter wurde die ungarische Küche zunächst von der italienischen Gemahlin des Königs Matthias und ihren Hofleuten, dann von den Türken, die nach der Niederlage der Ungarn bei Mohács 1526 fast anderthalb Jahrhunderte einen großen Teil des Landes besetzt hielten, beeinflußt. Die siebenbürgische Küche vermochte demgegenüber auch in jener Zeit ihren nationalen Charakter zu bewahren und absorbierte keinerlei ausländische Einwirkungen.

Inzwischen machte sich fast gleichzeitig auch ein anderer Einfluß bemerkbar, und zwar der der französischen Küche, der durch die Vermittlung des Wiener Hofes nach Ungarn gelangte. Diese Einwirkung kam in der zweiten Hälfte des vorigen Jahrhunderts voll zur Entfaltung. In dieser Zeit entwickelte sich nämlich in Ungarn die Restaurantküche.

Als Folge dieser Beeinflussungen hat sich die ungarische Küche — die, wenn sie auch ihre derben, uralten Merkmale verloren hat, dennoch ihre durch die Verwendung des Paprikas noch variabler gestaltete Originalität behielt dem internationalen Geschmack angeglichen und einen in der ganzen Welt anerkannten Ruhm erworben.

Bedingt durch günstiges Klima und ausgezeichnete Gelände- und Bodenverhältnisse bietet Ungarn zahlreiche, auch das Auge ansprechende Gaumenfreuden. Die Donau, die Theiß und vor allem der große ungarische See, der Balaton, spenden so schmackhafte Fische, wie sie in den westeuropäischen Küchen größtenteils unbekannt oder äußerst selten sind. Der berühmteste ungarische Fisch ist der Fogasch (Lucioperca-lucioperca), in den meisten Flüssen und Seen Europas Zander (Schill) genannt. Im Balaton findet der Zander leichtere Lebensbedingungen, weshalb sein Fleisch hier lockerer, schmackhafter und weißer ist. Sein Schuppenkleid wirkt im Vergleich zu den grauen Schattierungen des anderswo vorkommenden Zanders hellsilbern. Noch junge Fische (bis zu 1—1 ½ kg) werden auch in Ungarn Schill genannt. In der Qualität wetteifern mit ihnen Knochenfische wie Sterlet und Hausen. Weitere allgemein bekannte ungarische Fische sind der Karpfen, der Wels und der Hecht. Auch sie sind schmackhafte Süßwasserfische und kommen zumeist lebend in die Küche.

Unter den Zutaten für die Vorspeisen ist die Gänseleber zu erwähnen. In Ungarn werden die Gänse gemästet, dadurch entwickelt sich die Leber zu besonderer Größe, sie ist hell rostfarben und schmeckt kalt und warm gleichermaßen ausgezeichnet.

Es muß auch auf den Ferkelbraten hingewiesen werden, der in Ungarn rotbraun und knusprig gebraten häufiger auf den Tisch kommt als in Westeuropa. Sehr schmackhaft ist Spanferkelsülze, ebenso kalter Ferkelbraten. Vom Wildbret sind Hase, Reh und vor allem Wildschwein zu nennen, vom Wildgeflügel Wachtel, Rebhuhn und Fasan. Auch an Hausgeflügel ist das Land reich, die ungarische Pute ist weltberühmt.

Das ungarische Obstangebot ist einmalig. Farbe, Geschmack und Aroma der Früchte verdienen den Ruhm des Dichters. Pfirsiche, Aprikosen und die geschätzten ungarischen Weintrauben finden nicht ihresgleichen. Die ausgezeichneten ungarischen Melonen sind den meisten Ausländern nahezu unbekannt. Ihr Geschmack stellt auch anspruchsvolle Feinschmecker zufrieden. Die moderne ungarische Küche verwendet neben Schweineschmalz, Zwiebeln und Paprika häufig saure Sahne.

Was ich über den Paprika zu sagen habe, wird den Leser bestimmt einigermaßen enttäuschen. Ich muß eingestehen, daß dieses Gewürz, allgemein als ungarisches Nationalgewürz bekannt, in Ungarn erst vor einem Jahrhundert Verbreitung fand. In ungarischen Kochbüchern aus der ersten Hälfte des 19. Jahrhunderts wird Paprika kaum erwähnt, und vor 200 Jahren war er noch gänzlich unbekannt.*

---

* Nach neuesten Forschungen begann der Anbau von Paprika in Ungarn Ende des 17. Jahrhunderts, doch über die Verwendung von rotem Paprikapulver gibt es erst Angaben aus dem Jahre 1748. Einige sind der Meinung, daß gerade das Mahlen der getrockneten Paprikafrucht eine ungarische „Erfindung“ war, obwohl noch ein Kochbuch aus dem Jahre 1830 für die Fischsuppe nur die Zugabe von „einer Paprikaschote“ erwähnt!

Die Paprikapflanze ist aller Wahrscheinlichkeit nach Anfang des 16. Jahrhunderts gleichzeitig aus dem Osten und Westen nach Europa gekommen. Es war die Zeit, als sich die Türken Ungarns bemächtigten, und sie haben das orientalische Gewürz hier für ihren eigenen Bedarf angebaut.

Auszüge aus Károly Gundels Schriften

Diese Theorie für die Einbürgerung des Paprikas (Capsicum annuum) in Ungarn wird auch dadurch untermauert und bestätigt, daß die in Spanien noch heute verbreiteten „Pimientas" mit der süd- und mittelamerikanischen Pflanze identisch sind (große, fleischige, milde Früchte, aber ohne Aroma), während die in Ungarn und in den Balkanstaaten bekannte Art der in Indien heimischen Pflanze entspricht (kleine, spitze, besonders scharfe Früchte mit charakteristischem Aroma).

Heutzutage ist Paprika das typische Gewürz der ungarischen Nationalküche. Man sollte nicht davor zurückschrecken. Auch wenn seine rote Farbe an Feuer erinnert, die Schärfe des guten Paprikas tut es keineswegs. In bezug auf Qualität und Schärfe gibt es mehrere Sorten, und in den besseren Küchen wird Paprika als ein lebhaft rotes, etwas süßliches, schwach pikantes, original schmeckendes, edles Gewürz verwendet.* Es ist keinesfalls schärfer als der auf der ganzen Welt gebräuchliche schwarze Pfeffer und viel milder als die vor allem in der englischen und amerikanischen Küche verbreiteten Gewürze wie Cayennepfeffer, Curry usw.

---

* Gegenwärtig werden — in der Reihenfolge der Qualität — nachfolgende Gewürzpaprikapulver hergestellt: Spezial-, milder, Delikateß-, edelsüßer, halbsüßer, Rosen- und scharfer Paprika (s. noch Kapitel IV).

Eigentlich werden zwei Hauptpaprikasorten angebaut: der Gemüsepaprika und der Gewürzpaprika. Vom ersteren können die frischen Schoten, die noch grün oder hellgelb sind, auch roh verzehrt werden, sie haben einen angenehmen Geschmack und eignen sich auch vorzüglich zum Salat. Für die meisten Gerichte der ungarischen Küche sind sie eine unentbehrliche Zutat. Voll ausgereift bekommen alle Paprikasorten eine lebhaft rote Farbe. Die reifen Früchte des Gewürzpaprikas werden getrocknet und zu Paprikapulver gemahlen.* Seine Qualität richtet sich in erster Linie nach den Eigenschaften der jeweils verwendeten Paprikasorte. Modifizieren läßt sich die Qualität auch durch das Verhältnis, in dem Fruchtschale, Kerne und Adern beim Mahlen miteinander vermischt werden.

---

* Wir geben die frischen Paprikafrüchte in diesem Buch generell als „Paprikaschoten" und das rote Paprikapulver als „Gewürzpaprika" an.

Wie schon erwähnt, kommt die saure Sahne in der ungarischen Küche recht häufig vor. Unter saurer Sahne verstehen wir den sich oben auf der *sauren Milch* absetzenden fetthaltigen Anteil, im Gegensatz zur süßen Sahne, die von der Oberfläche der *süßen Milch* abgeschöpft wird. In besseren Küchen wird saure Sahne oft durch süße Sahne ersetzt.

Auszüge aus Károly Gundels Schriften

Bei mehreren Rezepten schreibe ich die Verwendung von grünen Paprikaschoten oder frischen Tomaten vor. Ich weiß, daß die Beschaffung dieser Zutaten nicht immer leicht sein wird. Tomaten können deshalb auch durch Tomatensaft oder Tomatenmark ersetzt werden; sind Tomaten und Paprikaschoten als Zutaten angegeben, eignet sich auch eine Letschokonserve. Die mit Paprika zubereiteten Gerichte werden im Ausland im allgemeinen als Gulasch bezeichnet. Unter Gulasch verstehen die Fremden jedoch etwas ganz anderes als die Ungarn. Auf den ungarischen Speisekarten werden die mit Paprika zubereiteten Speisen in vier Hauptgruppen als Gulasch *(gulyás)*, Pörkölt, Paprikasch *(paprikás)* und Tokány aufgeführt. (Es muß hinzugefügt werden, daß diese Bezeichnungen im Laufe der Zeit vom Gaststättengewerbe geschaffen worden sind, das um eine einheitliche Benennung und Bestimmung der Speisen bemüht war. Die volkstümlichen Namen der Gerichte in den verschiedenen Gegenden Ungarns sind deshalb in vielen Fällen nicht vollkommen identisch.)

Gulasch ist ein mit reichlich Brühe, Zwiebeln und Paprika zubereitetes *Suppengericht*, in dem in Würfel geschnittene Kartoffeln und gezupfte Nockerln mitkochen.

Pörkölt wird ebenfalls mit Paprika zubereitet, hier spielen jedoch die kleingeschnittenen Zwiebeln eine größere Rolle, und der Saft ist dick und soßenartig. Das Gericht selbst kann mit einem Ragout verglichen werden.

Paprikasch unterscheidet sich vom Pörkölt im wesentlichen darin, daß es nur von weißem Fleisch unter Zugabe von saurer Sahne oder einem Gemisch aus sauer und süßer Sahne, mit etwas weniger Zwiebeln und mit Paprika zubereitet wird. Man könnte auch sagen, daß Paprikasch die feinere, salonfähigere Variante des Pörkölts ist.

Tokány ähnelt den beiden zuvor genannten Gerichten, doch wird das Fleisch hier meistens nicht in Würfel, sondern in dünne Streifen geschnitten. Bei einigen Tokánygerichten spielt der Paprika nur eine untergeordnete Rolle, er kann eventuell auch ganz wegbleiben. Dafür treten andere Gewürze und Zutaten wie Pfeffer und Majoran bzw. Tomaten, Räucherspeck, Wurst, Pilze und grüne Erbsen in den Vordergrund.

Szeklergulasch ist die einzige Speise, die nicht den obigen Definitionen entspricht. Es handelt sich um ein Ragout, das aus Schweinefleisch mit saurer Sahne, Paprika und Sauerkraut zubereitet wird.

Die meisten der angegebenen Rezepte sind nicht eben leichte Speisen, doch ein jedes Gericht eignet sich, in das aus gewohnten Speisen bestehende Menü als ungarische Spezialität eingefügt, vorzüglich dazu, etwas Neues zu bieten. Wollen wir ausländische Gäste mit der ungarischen

Küche bekannt machen, achten wir bei der Zusammenstellung darauf, daß leichtere und schwerere Speisen einander abwechseln.

Nun übergebe ich mein Büchlein der Öffentlichkeit, davon überzeugt, daß es jenen, die die Rezepte ausprobieren, ebenso Freude bereitet wie jenen, die sich die Gerichte im Restaurant schmecken lassen werden.

Kommen Sie nach Ungarn, so oft wie möglich, und beurteilen Sie die ungarische Küche hier an der Quelle, in ihrer Heimat. Wir heißen Sie herzlich willkommen!

Kommen Sie und kosten Sie auch die ungarischen Weine aus Badacsony, Eger und Tokaj. Versuchen Sie, die ungarische Zigeunermusik, die tausendjährige Vergangenheit Ungarns, die Erfolge und Probleme des Landes von Heute zu verstehen.

Abschließend wünsche ich viel Erfolg beim Kochen und guten Appetit!

Károly Gundel

4.

Grundlegende Kunstgriffe

(Wesentliches über die ungarische Art des Kochens)

Will jemand ganz genau den Geschmack der ungarischen Gerichte erzielen, dann muß er sich ungarisches Schmalz, ungarische Paprikaschoten und Gewürzpaprika, ungarische Tomaten und ungarische Zwiebeln beschaffen.

Butter, Margarine oder Öl ergeben keinesfalls die gewünschte Geschmacksnote, doch auch bei *Schweineschmalz* darf es nicht das durch Dämpfen hergestellte, sondern ausschließlich das bei starker Hitze ausgelassene, nach Grieben schmeckende Schmalz sein. Das ätherische Öl der Zwiebel kommt beim Bräunen in diesem Schmalz am besten zur Geltung.

Auch die Farbstoffe des *Gewürzpaprikas* lösen sich am besten in Schweineschmalz. Allerdings schmeckt Gewürzpaprika in übermäßig erhitztem Fett leicht bitter.

Bei der Verwendung des kaum merklich scharfen „Spezial", „Edelsüß" und „Delikateß"-Gewürzpaprikas sollten wir uns nicht fürchten, die angegebene Menge, auch wenn sie uns übermäßig hoch erscheint, dem Gericht zuzufügen; sie ist für die entsprechende Geschmackswirkung erforderlich. Beim ersten Ausprobieren können wir natürlich mit etwas weniger experimentieren. Der „scharfe" und der „Rosen"-Paprika werden auch in Ungarn nur zum Nachwürzen und zur Farbgebung verwendet. (Die in den Rezepten angegebenen Mengen beziehen sich auf „Edelsüß"-Paprika.)

Die Schärfe des Gerichts kann auch durch Paprikaschoten verursacht werden. Bevor wir sie der Speise zufügen, sollten wir die Adern der Paprikafrucht mit der Zungenspitze berühren, da hier vor allem der Wirkstoff der Schärfe, das Capsaicin, zu finden ist. Bei den meisten Paprikasorten wird auch die schärfste Frucht durch Entfernen der Adern und Kerne genießbar.

Der Gewürzpaprika gibt übrigens nicht nur Geschmack, er ist durch seine ausgezeichnete Farbwirkung, seinen Gehalt an Vitamin A und C und seine günstige Wirkung auf die Verdauungsorgane eines der vielseitigsten Gewürze der Welt. Hier nur ein Beispiel: Wenden wir Fisch oder Fleisch vor dem Braten (auf dem Rost) nicht nur in Mehl, sondern vermengen wir dieses vorher gut mit Gewürzpaprika, schmeckt es gleich besser und wird vielleicht sogar mürber! Wenn wir frische Tomaten durch ein anderes Tomatenerzeugnis ersetzen, ist Vorsicht geboten! Die übermäßige Verwendung von Tomatenmark gibt dem Gericht einen unerwünschten süßlichen Geschmack, der den Charakter der Speise verfälscht. *Fehlen frische Zutaten, können bei allen Rezepten etwa 140 g Paprikaschoten und 60 g Tomaten durch ungefähr 100 g Konservenletscho ersetzt werden.*

Es wird empfohlen, die in den Rezepten angegebene Menge *saure Sahne* höchstens zu 50% durch süße Sahne zu ersetzen; die süße Sahne verfeinert die Speise, andererseits ist der säuerliche Geschmack der sauren Sahne nicht entbehrlich!

Die heute weitverbreitete Verwendung der verschiedenen *Speisewürzen* ist eine Frage des individuellen Geschmacks. Viele sind dafür und viele dagegen. In diesem Band werden sie nicht erwähnt.

Zu den *Fischgerichten* ist zu sagen, daß alle angegebenen Rezepte prinzipiell auch von anderen Fischarten zubereitet werden können, denn es ist nicht wahrscheinlich, daß Sie ungarische Fische bekommen. Es ist jedoch zu berücksichtigen, ob es sich um weißfleischige oder braunfleischige Fischarten handelt. Schill, Zander und Forelle sind weißfleischige, Karpfen und Sterlet braunfleischige Fische.

Die ungarische Küche bindet die meisten Suppen und Gemüsegerichte mit einer *Mehlschwitze*. Dabei hat die Schwitze nicht nur diese Aufgabe, sie bestimmt auch den Geschmack mit. Außerdem ist ihre Anwendung vom ernährungswissenschaftlichen Gesichtspunkt bedeutungsvoll. Bei der Gemüsezubereitung auf französische oder englische Art gehen nämlich die im Wasser gelösten Vitamine und wertvollen Mineralsalze mit dem Kochwasser verloren, während die ungarische Küche das Gemüsewasser bindet und mit dem Gemüse serviert.

Für die Mehlschwitze wird Mehl in erhitztem, nicht zu heißem Fett — in Ungarn meistens Schweineschmalz, seltener Butter — geröstet, und zwar entsprechend dem Charakter der Speise bei mäßiger Hitze unter ständigem Rühren: ein-zwei Augenblicke (helle Mehlschwitze), einige Minuten (hellbraune Mehlschwitze) oder unter Zugabe von etwas Zucker längere Zeit (dunkle Mehlschwitze). Dann wird in *heißem* Zustand *kalte* Flüssigkeit (Wasser, Milch, Knochenbrühe, Kochwasser) zugegossen und die glatte, klümpchenfrei verrührte Mehlschwitze dem Gericht zugefügt.

Vor dem Zugießen der Flüssigkeit können der Schwitze allerlei Kräuter und Gewürzstoffe zugegeben und teils darin geröstet werden. In die helle Mehlschwitze für zarte grüne Erbsen geben wir Petersilie, eventuell Dill und etwas Gewürzpaprika, in die hellbraune Mehlschwitze für die Bohnensuppe kleingeschnittene Zwiebel, eine Prise Knoblauch und Paprika. In der goldgelben Mehlschwitze für das Wirsingkohlgemüse muß neben Zwiebel und Gewürzpaprika der Knoblauch, in der hellen Mehlschwitze für das Kürbisgemüse hingegen neben feingehackter Zwiebel

der frische Dill dominieren. Beim Grünen-Bohnen-Gemüse ist in der hellbraunen Mehlschwitze außer Zwiebel, Knoblauch und etwas Gewürzpaprika die Petersilie ausschlaggebend usw.
Die bindende Flüssigkeit soll nur gerade das Gemüse bedecken, und für die Mehlschwitze sollte auch eher weniger als zu viel Mehl verwendet werden. Sonst erhalten wir eine pappige Soße, in der nur hier und da eine grüne Erbse oder eine grüne Bohne zu finden ist. Gerät die Mehlschwitze dennoch einmal zu dick, läßt sie sich leicht verdünnen, und sollte sie zu dünn sein, kann das Gericht unter Zugabe von in saurer Sahne glatt verrührtem Mehl (das mit dem Schneebesen in die Speise eingerührt wird) abgerundet werden.

Beim Zwiebelrösten und bei der Verwendung von Gewürzpaprika ist zu beachten, daß die kleingeschnittene Zwiebel — in der dem Rezept entsprechenden Menge — in zerlassenem Fett zunächst angeschwitzt, dann, ja nach dem Charakter der Speise, schwächer oder stärker geröstet wird. Der Grad des Röstens beeinflußt ganz entscheidend den Geschmack des Gerichtes, andererseits lassen sich Zeitdauer und Hitzegrad dafür nur schwer bestimmen, da sie von der Zwiebelart und ihrem Wassergehalt abhängen. Es gehört schon eine gewisse Erfahrung und Übung dazu.

Im wesentlichen unterscheiden wir vier Stufen des Zwiebelröstens. Die Zwiebeln können eben nur angeschwitzt, sie können glasig, goldgelb oder hellbraun geröstet werden. Ist die erwünschte Stufe erreicht, bei schwacher Hitze den Gewürzpaprika in das nicht zu heiße Zwiebelfett schnell einrühren. Sofort z. B. Fleisch oder Pilze hineingeben, salzen und weiter rösten. Ein Röstprozeß von 3—4 Minuten ist notwendig, um den gewünschten Röstgeschmack zu erreichen. Auch dies sollte nicht bei starker Hitze geschehen, da der Gewürzpaprika in überhitztem Fett eine dunkle Farbe annimmt und bitter wird. Während des Anbratens ständig rühren. Ist der eigene Saft vom Fleisch verschmort, von Zeit zu Zeit etwas Wasser oder eine andere Flüssigkeit zugeben, da dies für die Regulierung des Wärmegrades bestimmend ist.

5.

Suppen

Die Rezepte sehen im allgemeinen pro Person 0,3—0,4 l vor. Diese Suppenmenge gehört zu einem Menü aus 2—3 Gängen. Wenn man jedoch wochentags eine sättigende Suppe als Eintopfgericht servieren will, kann man die Menge erhöhen. Soll hingegen in einem größeren Menü nur eine Tasse Suppe gereicht werden, lassen sich die Zutatenmengen verringern. In letzterem Fall ist es angebracht, die Zutaten in kleinere Stücke zu schneiden. Die Gulaschsuppe und die Fischsuppe können stilgerecht auch in einem Tischkessel mit Ständer für eine oder mehrere Personen aufgetragen werden.

Die ungarischen Suppen und auch die ungarischen Gemüsegerichte und Soßen geraten schmackhafter und gehaltvoller, werden sie anstelle von Wasser mit Knochenbrühe aufgefüllt. Für die Knochenbrühe gut gewaschene Kalbs- oder Rindsknochen in kaltem Wasser zum Kochen ansetzen. Nach 2 Stunden Kochzeit fügen wir der Brühe Wurzelwerk und Gewürze zu. (Dieses klassische Rezept der Knochenbrühe kann heute auch durch die Verwendung von Brühwürfeln ersetzt werden.)

Die Reihe der Suppenrezepte soll mit zwei Grundsuppen, der Gulaschsuppe und der Fischsuppe, begonnen werden, wobei wir auch ihre jeweiligen Varianten beschreiben.

1.
Gulaschsuppe
(Gulyásleves)

360 g Rindfleisch ohne Knochen
80 g Schweineschmalz
150 g Zwiebeln
15 g Gewürzpaprika
Salz, Kümmel, Knoblauch
800 g Kartoffeln
140 g Paprikaschoten
60 g Tomaten
6 Portionen gezupfte Nockerln (Rezept 14)

Wird mit abweichenden Zutatenmengen, jedoch genauso wie der Kesselgulasch zubereitet (Rezept 3).

2.
Falsche Gulaschsuppe
(Hamisgulyás leves)

Von den Zutaten des vorangegangenen Rezepts das Fleisch weglassen und statt dessen etwa 500—600 g Knochen verwenden. Eine billige, schmackhafte Suppe.

3.
Kesselgulasch
(Bográcsgulyás)

1 kg Rindfleisch ohne Knochen
80 g Schweineschmalz
300 g Zwiebeln
20 g Gewürzpaprika
Salz, Kümmel, Knoblauch
1 kg Kartoffeln
140 g Paprikaschoten
60 g Tomaten
6 Portionen gezupfte Nockerln (Rezept 14)

Möglichst saftiges, flechsiges Fleisch (Haxe, Schulter, Hals) in 1,5—2 cm große Würfel schneiden. In zerlassenem Schmalz kleingeschnittene Zwiebeln goldgelb rösten. Dann bei schwacher Hitze den Gewürzpaprika im nicht zu heißen Zwiebelfett schnell verrühren, die Fleischwürfel hineingeben, salzen und weiterrösten. Ist der Fleischsaft verschmort, mit Kümmel kleingehackten Knoblauch zufügen, ein wenig Wasser zugießen und zugedeckt, bei mäßiger Hitze, unter zeitweiligem Rühren und wiederholtem Nachgießen von etwas Wasser schmoren. Das Fleisch soll nicht kochen, sondern in wenig Schmorsaft, im Dampf garen. — Inzwischen die Kartoffeln (eine Sorte, die nicht zerkocht), die Paprikaschoten und die Tomaten in etwa 1 cm große Würfel schneiden und die gezupften Nockerln zubereiten.

Bevor das Fleisch vollkommen gar ist, den Saft bis auf das Fett einschmoren. Die Kartoffelwürfel zufügen und unter Rühren mit dem Fleisch rösten, bis sie glasig werden, dann mit Knochenbrühe auffüllen und Paprika- und Tomatenwürfel hineingeben. Sind die Kartoffeln gar, kurz vor dem Servieren die gezupften Nockerln in der Suppe auskochen. Die endgültige Menge durch Zugabe von Knochenbrühe oder Wasser bestimmen, zum Schluß nachwürzen.

4.
Varianten des Kesselgulasches

Wer sich die Zubereitung von Gulaschsuppe und Kesselgulasch nach obigem Rezept angeeignet hat, wird auch leicht und ohne ausführliche Erklärung jede Variation der Gerichte kochen können. Hier einige Abwandlungen:

4/a Gulasch auf Alfölder und Szegediner Art Wie Rezept 3, allerdings nur 700 g Kartoffeln verwenden. Gleichzeitig 250 g in kleine Würfel geschnittenes Wurzelwerk zufügen. Den Alfölder Gulasch ohne gezupfte Nockerln anrichten.

4/b Gulasch auf serbische Art Wie Rezept 3, aber ohne gezupfte Nockerln und unter Verwendung von nur 600 g Kartoffeln ergänzt durch 600 g in kleine Streifen geschnittenen Wirsingkohl.

4/c Bohnengulasch (Babgulyás) Wie Rezept 3, aber ohne Kartoffeln und Kümmel. Gleichzeitig mit dem Fleisch 350 g weiße oder farbige Bohnen kochen.

4/d Hammelgulasch (Birkagulyás) Anstelle des in Rezept 3 angegebenen Rindfleisches ohne Knochen 1,5 kg Hammelfleisch mit Knochen (Brust, Schulter, Hals, Haxe und Innereien) nehmen, die größeren Knochen auslösen, die kleineren (z. B. im Bruststück) im Fleisch lassen. Wer den intensiven Hammelgeschmack nicht mag, entferne den Talg. Das Fleisch kann auch vorher abgebrüht werden. Den Gulasch zum Schluß mit Rotwein abschmecken.

4/e Gulasch auf Tschango-Art (Csángógulyás) Wie Rezept 3, aber anstelle der Kartoffeln 600 g Sauerkraut verwenden. Ist das Kraut sehr sauer, zuvor auswaschen. Anstelle der gezupften Nockerln 60 g Reis im Gulasch ausquellen lassen und vor dem Servieren 0,2 l saure Sahne zufügen.

4/f Gulasch auf Kolozsvárer Art (Kolozsvári gulyás) Wie Rezept 3, jedoch die gezupften Nockerln weglassen und nur 600 g Kartoffeln nehmen, zusätzlich in Streifen geschnittenen Weißkohl zufügen. Anstelle von Knoblauch mit Majoran würzen.

4/g Betyarengulasch (Betyárgulyás) Anstelle von rohem Fleisch geräuchertes Rind oder noch besser geräuchertes Schweinefleisch nehmen und wie Kesselgulasch zubereiten.

4/h Schweinsgulasch auf Likócser Art (Likócsi sertésgulyás) Mit weniger Schmalz von Schweinefleisch zubereiten, anstelle von gezupften Nockerln Fadennudeln nehmen und zum Schluß mit saurer Sahne und etwas Zitronensaft abschmecken.

5.
Fischsuppe
(Halászlé)

Dieses so erfolgreiche, typische ungarische Gericht kennt ebenso wie der Gulasch zahlreiche regionale Varianten. Voraussetzung für die Zubereitung der Fischsuppe ist eine gute *Fisch-Grundbrühe*. Dazu eignen sich am besten vom frischen — möglichst nicht gefrorenen — Karpfen Kopf, Mittelgräte, Flossen und Haut, die Fischbrühe kann aber auch aus kleinen, weniger wertvollen Fischen zubereitet werden, die man mit Zwiebel, Salz und eventuell Paprikaschote und Tomate in 2 l Wasser 1—1½ Stunden kocht.

2 kg lebender Karpfen *150 g Paprikaschoten*
250 g Zwiebeln, Salz *70 g Tomaten, 30 g Gewürzpaprika*

Den Fisch schuppen und ausnehmen, dabei darauf achten, daß die Gallenblase nicht platzt, sonst wird die Fischsuppe ungenießbar. Das Fischfleisch auf beiden Seiten von der Wirbelsäule trennen und die beiden Filetscheiben eventuell enthäuten. Wenn wir die dickeren Teile des Filets mit einem sehr scharfen, kurzen Küchenmesser millimeterweise einschneiden, sind die Fischstücke in der Regel grätenfrei. Die Filets nun in zweifingerbreite Scheiben schneiden, zusammen mit dem beim Ausnehmen zurückbehaltenen Rogen und der Fischmilch leicht salzen und in den Kühlschrank stellen. Inzwischen von Mittelgräte, Kopf usw. die oben beschriebene Fisch-Grundbrühe kochen. Die fertige Brühe abseihen, dabei das gekochte Fischklein gut ausdrücken. Durch Zugabe des passierten Fischkleins wird die Brühe sämiger und schmackhafter. Beginnt die Brühe zu kochen, den Gewürzpaprika einstreuen. In dieser Grundbrühe, die auch schon am Vortag zubereitet werden kann, vor dem Servieren etwa 10 Minuten die Karpfenfilets garen.

Die ungarischen Karpfen sind dankbar, wenn sie mit einem erlesenen, harmonisch abgerundeten ungarischen Weißwein heruntergespült werden...

6.
Varianten der Fischsuppe

6/a Szegediner Fischsuppe (Szegedi halászlé) Wird wie Rezept 5 zubereitet, jedoch aus vielerlei Fisch und ist deshalb schmackhafter. Im allgemeinen nimmt man 800 g Karpfen, 500 g Wels, 350 g Sterlet und 350 g Schill.

6/b Fischsuppe für Nachtschwärmer (Korhelyhalászlé) Wie Rezept 5, aber in der Grundbrühe auch Lorbeerblatt mitkochen und vor dem Servieren andicken. Dazu 1 Teelöffel Mehl in 0,2 l saurer Sahne und nach Belieben mit etwas Zitronensaft glatt verrühren und in die heiße Suppe einquirlen. Mit Zitronenscheiben anrichten.

6/c Fischsuppe auf Kalocsaer Art (Kalocsai halászlé) Weicht von der Karpfenfischsuppe (Rezept 5) insofern ab, als sie mit Nudeln zubereitet wird. 120 g Mehl mit 1 Ei und etwas Salz zu einem festen Teig verkneten, diesen ausrollen und in zündholzschmale Streifen schneiden. Die Nudeln in der Röhre ohne Fett erhitzen (nicht rösten!). Sind sie heiß, in die Fischsuppe geben, wenn der Fisch fast gar ist.

6/d Fischsuppe auf Pakser Art (Paksi halászlé) In der Gegend von Paks wird die Fischsuppe ähnlich wie in Kalocsa (Rezept 6/c) zubereitet, doch rollt man den Nudelteig hier dünner aus und schneidet ihn in fingerdicke Streifen.

7.
Palotzensuppe
(Palócleves)

Eine Kreation von János Gundel, dem Vater von Károly Gundel, zu Ehren des berühmten ungarischen Schriftstellers Kálmán Mikszáth (1847—1910), des „großen Palotzen". Die Volksgruppe der Palotzen lebt im Norden des ungarischen Sprachraums.

400 g Hammelfleisch (möglichst Schulter)
120 g Zwiebeln, 60 g Schmalz
10 g Gewürzpaprika
Salz, Kümmel, Knoblauch, Lorbeerblatt
350 g Kartoffeln
250 g (zarte, frische) grüne Bohnen
0,2 l saure Sahne, 20 g Mehl, Dill

Das Fleisch in etwa 1 cm große Würfel schneiden und unter Verwendung der angegebenen Zutaten nach Rezept 39 ein Pörkölt bereiten. Inzwischen die Kartoffeln in kleine Würfel, die grünen Bohnen in 2 cm große Stücke schneiden und beides möglichst getrennt in wenig Salzwasser garen, dann zusammen mit dem Kochwasser auf das fertige Pörkölt gießen. Noch so viel Knochenbrühe oder Wasser zufügen, daß wir etwa 2 l Suppe erhalten. Aufkochen lassen und mit in saurer Sahne verrührtem Mehl binden. Zum Schluß mit feingewiegtem zartem Dill bestreuen. Nach Belieben mit etwas Zitronensaft oder Estragonessig pikant abschmecken.

8.
Bohnensuppe nach Jókai
(Jókai-bableves)

Ein schmackhaftes Gericht, benannt nach dem außerordentlich fruchtbaren ungarischen Romancier Mór Jókai (1825—1904).

180 g trockene Bohnen	*300 g Räucherwurst*
(möglichst farbige)	*40 g Schmalz*
oder 300 g frisch enthülste Bohnen	———
1 geräuchertes Eisbein	*30 g Mehl, 30 g Zwiebeln*
———	*5 g Gewürzpaprika*
100 g Möhren	*Petersilie*
80 g Petersilienwurzel	———
Lorbeerblatt, Knoblauch	*1,5 l saure Sahne*
150 g Paprikaschoten, 70 g Tomaten	*30 g Mehl*
———	*gezupfte Nockerln (Rezept 14)*

Die Bohnen gut waschen und am Vorabend einweichen. (Bei enthülsten Bohnen ist das nicht notwendig.) Das Eisbein in etwa 1½ l Wasser butterweich kochen. Am nächsten Tag von der kalten Brühe mit der Gabel das Fett abnehmen und das in Scheiben geschnittene Wurzelwerk darin anrösten. Wird es bräunlich, die Bohnen mit dem Einweichwasser dazugießen, mit der Eisbeinbrühe auffüllen und mit Lorbeerblatt, einer Prise Knoblauch, in kleine Würfel geschnittenen Paprikaschoten und Tomaten sowie — je nach dem Salzgehalt des geräucherten Eisbeins — etwas Salz garen. Inzwischen die Wurst in Schmalz braten, aus dem Bratfett nehmen und in dünne Scheiben schneiden. Sind die Bohnen gar, vom Bratfett der Wurst, Mehl und kleingeschnittenen Zwiebeln eine helle Mehlschwitze bereiten, im letzten Moment mit Gewürzpaprika und gehackter Petersilie bestreuen. Ist die Suppe mit der Mehlschwitze aufgekocht, mit wenig Mehl verrührte saure Sahne einquirlen. Schließlich die gezupften Nockerln in der Suppe kochen und die Wurstscheiben mitkochen.

Vor dem Servieren das Eisbein in kleine Stücke schneiden und die heiße Suppe darüber anrichten. Bei Tisch kann sich jeder nach Belieben die Suppe mit Essig oder Estragonessig abschmecken. Als Gegengewicht zum säuerlichen Geschmack ist auch etwas Puderzucker zur Abrundung der Geschmacksharmonie möglich.

9.
Suppe nach Pethes
(Pethes-leves)

Benannt nach dem ungarischen dramatischen Schauspieler Imre Pethes (1864—1924).

1,1 kg Tafelspitz	*60 g Zwiebeln*
1,5 kg Markknochen	*Knoblauch*
300 g Wurzelwerk	*30 g Tomatenmark*
80 g Sellerie	*Salz, Pfeffer, Ingwer*
60 g Kohlrabi	*1 Bund Schnittlauch*
60 g Wirsingkohl	*Fadennudeln (Rezept 6/c)*

Das Fleisch mit den Markknochen gut waschen und in 2 l kaltem Wasser zum Kochen aufsetzen. Mit der Schaumkelle laufend den gräulichen Schaum abschöpfen, weil sonst die Brühe trüb wird. Aufkochen und dann bei mäßiger Hitze gleichmäßig leise kochen lassen. Nach 1 Stunde Kochzeit das Wurzelwerk hineingeben und würzen. (Das Tomatenmark gibt der Suppe eine schöne Farbe.) Ist das Fleisch gar, zusammen mit den Knochen herausnehmen, die Brühe setzen lassen, von zu fettiger Brühe das Fett abschöpfen und dann vorsichtig abseihen.

Inzwischen separat Fadennudeln in Salzwasser garkochen.

Beim Servieren pro Person eine Scheibe Tafelspitz mit 2—3 Knochenmarkringen belegen, daneben das in Streifen geschnittene, in der Brühe gekochte Wurzelwerk und die Fadennudeln anrichten, das Ganze mit heißer Brühe auffüllen und mit feingewiegtem Schnittlauch bestreuen. Toastscheiben und zu jedem Gedeck in einem kleinen Glasschälchen geriebenen Meerrettich in Essig reichen.

Zum Würzen des Knochenmarks Gewürzstreuer mit Pfeffer, Gewürzpaprika und Salz auf dem Tisch bereitstellen!

10.
Geflügelsuppe nach Ujházi
(Ujházi-leves)

Benannt nach dem Schauspieler Ede Ujházi (1844—1915), einem Bahnbrecher der ungarischen realistischen Schauspielkunst.

2 kg Huhn (oder Pute)	*100 g Spargelspitzen*
300 g Wurzelwerk	*1 Paprikaschote*
80 g Sellerie	*1 Bund Petersilie*
50 g Kohlrabi	———
40 g Zwiebeln, 60 g Pilze	*für den Nudelteig:*
Salz, Pfeffer, Ingwer	*120 g Mehl*
100 g enthülste grüne Erbsen	*1 großes oder 2 kleine Eier*
100 g Blumenkohl	*Salz*

Das Geflügel gut waschen und in 2 l kaltem Wasser zum Kochen aufsetzen. Zwischendurch abschäumen. Nach dem Aufkochen bei mäßiger Hitze gleichmäßig leise kochen lassen. Nach ½ Stunde Kochzeit Wurzelwerk, Sellerie, Kohlrabi und Zwiebeln hineingeben und würzen. Gleichzeitig die Pilze (haselnußgroße kleinere Pilzköpfe im Ganzen belassen, größere in Scheiben schneiden), die enthülsten grünen Erbsen, die Blumenkohlröschen, die Spargelspitzen und die in kleine Würfel geschnittene Paprikaschote möglichst getrennt in wenig Salzwasser kochen.

Ist das mit dem Geflügel zusammengekochte Wurzelwerk und Gemüse gar, aus der Brühe nehmen und etwa die Hälfte davon in Streifen schneiden, das übrige kann zu einem anderen Gericht verwendet werden. Das gare Fleisch aus der Brühe nehmen, diese abkühlen und setzen lassen, dann durch ein gebrühtes Tuch oder ein Sieb seihen, und zwar vorsichtig, damit sie nicht trüb wird.

Inzwischen den Nudelteig zubereiten: Mehl mit Ei, etwas Salz und so viel Wasser verkneten, daß ein fester Teig entsteht. Den Teig dünn ausrollen und trocknen lassen, dann zu Fadennudeln schneiden und in Salzwasser kochen.

Vor dem Servieren das gekochte Gemüse mit dem Kochwasser der Brühe zugießen. Das in Stücke zerlegte Geflügel in einer Schüssel oder auf Tellern anrichten. (Feiner ist es, wenn die Geflügelhaut

I. Gulaschsuppe

abgezogen, das Fleisch entbeint und in Streifen geschnitten wird.) Die abgeschreckten Fadennudeln darübergeben, mit der heißen Brühe auffüllen und mit feingewiegter Petersilie bestreuen. In kleinen Glasschälchen zu jedem Gedeck geriebenen Meerrettich in Essig reichen und auch einen Gewürzstreuer mit Pfeffer auf den Tisch stellen.

11.
Grüne-Bohnen-Suppe auf ungarische Art
(Zöldbableves magyarosan)

300 g Knochen, 100 g Möhren
80 g Petersilienwurzel
500 g frische grüne Bohnen
20 g Schmalz
100 g Paprikaschoten
50 g Tomaten

Salz, Knoblauch, Pfeffer

20 g Schmalz
30 g Zwiebeln, 30 g Mehl
2 g Gewürzpaprika

Petersilie
0,15 l saure Sahne
30 g Mehl, Essig, Zucker
gezupfte Nockerln (Rezept 14)

Von 2 l Wasser und den Knochen eine Knochenbrühe zubereiten. Nicht junges Wurzelwerk mit den Knochen zusammen kochen, frisches, zartes Wurzelwerk hingegen in etwas Schmalz zusammen mit den grünen Bohnen, in Stücke von 2 cm geschnitten, dünsten. Die Bohnen dann mit Knochenbrühe auffüllen, in kleine Würfel geschnittene Paprikaschoten und Tomaten hineingeben, salzen, pfeffern, ein wenig zerstoßenen Knoblauch hinzugeben und garen. Dann mit einer Mehlschwitze binden. Dazu feingeschnittene Zwiebel in Schmalz anschwitzen, das Mehl darin hell anrösten, schnell mit Gewürzpaprika verrühren, sogleich mit Wasser löschen und in die Suppe geben. Kleingeschnittene Petersilie hineingeben und die mit Mehl verrührte saure Sahne einquirlen und aufkochen. Mit etwas Essig und Zucker abschmecken und schließlich die gezupften Nockerln in der Suppe auskochen.

Auf ähnliche Weise — mit einer Paprikamehlschwitze und gezupften Nockerln — wird auch die Kartoffelsuppe auf ungarische Art zubereitet, wobei diese eventuell noch mit Wurstscheiben angereichert werden kann. Von gleicher Art — jedoch ohne Knoblauch — sind die Pilz-, die Spargel- und die Erbsensuppe, letztere wird anstelle von saurer Sahne mit Milch abgeschmeckt.

II. Bohnensuppe nach Jókai

12.
Kraftbrühe mit Tokajer
(Erőleves tokajival)

600 g mageres Rindfleisch	*25 g Zwiebeln*
1 Eiweiß	*Tokajer Wein*
20 g Tomatenmark	*30 g Pilze*
600 g Rindsknochen	*60 g Wirsingkohl*
300 g Wurzelwerk	*Salz, Pfeffer, Ingwer*
60 g Sellerie	*Knoblauch*

Das Rindfleisch durchdrehen und in einem Topf mit Eiweiß und Tomatenmark gut verrühren, dann mit 2 l kaltem Wasser oder Knochenbrühe auffüllen. Die Rindsknochen, in Scheiben geschnittenes Wurzelwerk und Gewürze dazugeben, aufkochen und bei mäßiger Hitze etwa 3 Stunden gleichmäßig leise kochen lassen. (Die Brühe braucht nicht wie die Fleischbrühe — Rezept 9 — abgeschäumt zu werden.) Nach dem Kochen die Brühe setzen lassen, dann vorsichtig mit dem Schöpflöffel durch ein gebrühtes Tuch seihen. Sollte die Brühe fett sein, zuvor das Fett abschöpfen. Bleiben noch Fettaugen zurück, diese mit einer Papierserviette aufsaugen. Die Kraftbrühe kann anstelle von Rindfleisch auch von Hühner- oder Fasanenfleisch gekocht werden.

Unmittelbar vor dem Anrichten pro Person 3—5 cl Tokajer Wein in die heiße Kraftbrühe geben. Den intensivsten Geschmack würde Tokajer Ausbruch (Tokaji aszú) ergeben, doch da er süß ist, empfehlen wir einen trockenen Tokajer Samorodner (Tokaji szamorodni).

13.
Schnittersuppe
(Kaszáslé)

Einst ein Gericht der armen Ackerbauern, Tagelöhner und Schnitter.

1,4 kg Schweinshaxe mit Klauen	*0,3 l saure Sahne*
Knoblauch	*80 g Mehl*
Salz, Pfeffer	*1 Ei, Essig*

Die gesäuberten und halbierten Schweinshaxen mit zerstoßenem Knoblauch, Salz und Pfeffer gar kochen, dann aus der Brühe nehmen, das Fleisch von den Knochen lösen und kleinschneiden. Die saure Sahne mit Mehl und Ei glatt verrühren, die Brühe damit binden, mit Essig oder Estragon abschmecken und schließlich die heiße Brühe auf das Fleisch geben.
Noch besser schmeckt die Suppe von geräucherter Schweinshaxe, allerdings ist dann beim Salzen Vorsicht geboten!

14.
Gezupfte Nockerln
(Csipetke, Suppeneinlage)

80 g Mehl   1 Ei, Salz

Mehl und Ei (ohne Wasser) mit einer Prise Salz zu einem festen Teig verkneten, diesen auf einem bemehlten Brett etwa 2 mm dünn ausrollen und mit bemehlter Hand in unregelmäßige Teigstücke von der Größe des kleinen Fingernagels zupfen — daher der Name gezupfte Nockerln. In siedende Suppen geben und von Zeit zu Zeit umrühren. Wenn die Nockerln nach 2—3 Minuten an die Oberfläche kommen, sind sie gar.

6.

Kalte Vorspeisen

Vor allem müssen die Sandwiches erwähnt werden, die überall auf der Welt in Mode sind. Ihre Auswahl kann durch Salami, Paprikasalami, Gyulaer oder Csabaer Wurst, Schweinskarree mit Gyulaer Wurst gefüllt, Gänseleberscheiben (Rezept 23), Liptauer Käse (Rezept 124) usw. bereichert werden. Zur Garnierung empfehlen wir Paprikaschoten, zum Bestreuen Gewürzpaprika, eventuell auch ein—zwei Tupfen Paprikamark (piros arany) oder Pritamin.

15.
Gesülzte Fischsuppe
(Kocsonyázott halászlé)

Nach Rezept 5 eine Fischsuppe kochen, wobei es sich empfiehlt, der Fischbrühe durch zusätzlich gekauftes Fischklein oder kleine Fische mehr Gehalt zu geben. Soll die Grundbrühe gesülzt werden, sie nicht passieren, sondern nur durchseihen.

Zusammen mit dem Karpfen Paprikaschotenringe und kleine Tomatenscheiben mitkochen, und zwar extra in einem Sieb, so daß die Paprikaringe nach 2 Minuten, die Tomatenscheiben bereits nach 1/2 Minute herausgenommen werden können.

Ist alles zubereitet, die gegarten Fischstücke, den Rogen und die Fischmilch auf einer Glas- oder Porzellanplatte (oder in Tellern) geschmackvoll anrichten, mit Paprikaringen, in Scheiben geschnittenen hartgekochten Eiern und geschälten Tomatenachteln garnieren und kalt stellen. Die Brühe gut entfetten und einen Löffe voll zur Probe in den Kühlschrank stellen. Wenn sie nicht geliert, ein wenig Gelatine in der Brühe kochen und sie dann klären. Dazu 2 Eiweiß mit 1 Teelöffel Tomatenmark und etwas Wasser schaumig rühren, unter ständigem Rühren langsam der Fischbrühe zusetzen und diese bis zum Kochen erhitzen. Dann 5—10 Minuten abkühlen und setzen lassen, anschließend durch ein gebrühtes Tuch seihen. Bevor die Brühe zu gelieren beginnt, diese über den Fisch gießen und erstarren lassen.

16.
Schillfilet auf Tihanyer Art
(Tihanyi süllőszelet)

1,8 kg Schill (brutto)
oder 900 g Schillfilet
Salz, Pfeffer
für die Mayonnaise:
3 Eigelb, 0,5 l Öl
Zitronensaft
Salz, Cayennepfeffer

---

10 g Gelatine
30 g Räucherlachs
Estragonblätter

für den französischen Salat:
250 g Möhren, 200 g Kartoffeln
150 g grüne Erbsen, 100 g Äpfel
100 g Essiggurken
Mayonnaise
Senf, Salz, Pfeffer, Zitronensaft

---

300 g Fischaspik
3 hartgekochte Eier, Kopfsalatblätter
0,4 l Tartarensoße, grüne Soße
oder Soße auf Csiker
Art (s. Rezept 102)

Den Schill filetieren, enthäuten und von den Fischabfällen (Kopf, Mittelgräte, Flossen und Haut) 0,3—0,4 l Fischbrühe kochen. Aus dem Fischfilet die Gräten entfernen und das Filet so einteilen, daß möglichst 12 gleich große Dreiecke entstehen. Abstehende Teile entweder abschneiden oder einschlagen und mit dem Fleischklopfer leicht anklopfen. Die Filets leicht salzen und pfeffern und in der Fisch-Grundbrühe garen. In der Brühe abkühlen lassen.

Inzwischen die Mayonnaise zubereiten. In einen Schaumkessel oder eine Porzellanschüssel die Eidotter schlagen, Salz und etwas Zitronensaft zufügen und unter kräftigem Schlagen mit dem Schaumschläger tropfenweise das Öl zusetzen. Dadurch wird die Masse zunehmend dickflüssiger. Ist sie zu steif, mit etwas Zitronensaft verdünnen. So lange schlagen, bis der Schaumschläger in der Mayonnaise stehen bleibt. Dann die Mayonnaise halbieren.

Für den französischen Salat die vorbereiteten und kleingewürfelten Möhren in Salzwasser gar kochen, abgießen und abkühlen lassen. Die geschälten Pellkartoffeln, die geschälten Äpfel und die Gurken ebenfalls in Würfel schneiden, mit den grünen Erbsen (Konserve) und den gekochten Möhren vermengen, salzen, pfeffern, mit Zitronensaft und Senf abschmecken und mit der Hälfte der Mayonnaise verrühren. Die andere Hälfte zur Fisch-Grundbrühe, in welcher Gelatine gelöst wurde, geben und die abgetropften kalten Schillfilets damit überziehen. Ist die Masse steif

geworden, mit Räucherlachsstreifen und grünen Estragonblättern garnieren. (Sollte die gelierte Mayonnaise zu dick sein, kann sie mit gelöstem Aspik gestreckt werden. Bleibt sie zu dünn und läuft vom Fischfilet herunter, noch etwas Gelatine zugeben.)
Das Fischfilet auf dem französischen Salat anrichten und mit Aspikwürfeln, Kopfsalatblättern und in Achtel geschnittenen hartgekochten Eiern garnieren. In einer Soßenschüssel Tartarensoße, grüne Soße oder Soße auf Csiker Art reichen.

17.
Tomaten mit Fischfüllung
(Hallal töltött paradicsom)

1 kg Tomaten
Essig, Öl, Salz,
Pfeffer, Petersilie,
Zucker
500 g gekochter Fisch

Mayonnaise (von 3 Eigelb
und 0,5 l Öl — s. Rezept 16)
französischer Salat (s. Rezept 16)
180 g Aspik
Kopfsalatblätter

Pro Person 1 große, noch besser 2 kleinere gleichförmige reife Tomaten am Vortag überbrühen und die Schale abziehen. Den oberen Teil, etwa 1/5 der Tomaten, abschneiden und aus dem Inneren vorsichtig die Flüssigkeit und die Kerne ausdrücken. Die ausgehöhlten Tomaten in eine Schüssel setzen und mit einer Marinade aus Essig, Öl, Salz, Pfeffer, Petersilie und etwas Zucker eben bedecken. Etwa 24 Stunden durchziehen lassen. Dann die Tomaten etwas trocknen lassen. Den in Salzwasser mit ein paar Tropfen Essig gegarten Fisch zerkleinern und mit einem Drittel der Mayonnaise vermengen. Die Fischfüllung in die Tomaten geben und diese mit einem weiteren Drittel der Mayonnaise überziehen. (Das letzte Drittel der Mayonnaise für den französischen Salat verwenden.) Die gefüllten Tomaten mit feingehackter Petersilie bestreuen und die abgeschnittenen Deckelchen der Tomaten aufsetzen. Auf einer Glasplatte auf französischem Salat, garniert mit Kopfsalatblättern und Aspik servieren.
Die Tomaten können auch mit Fleischsalat gefüllt werden, in den zarter ungarischer Schinken in Streifen geschnitten wird. Ebenso eignet sich Szegediner Fischsalat (Rezept 18) als Füllung. Letzterer wird als Fülle nicht mit Mayonnaise überzogen, sondern mit hartgekochten geriebenen Eiern bestreut.

18.
Szegediner Fischsalat
(Szegedi halsaláta)

Für die Marinade:	*Für den Fischsalat:*
30 g Zwiebeln	*700 g gekochter Fisch*
1/2 Bund Schnittlauch	*200 g Paprikaschoten*
(beides sehr fein geschnitten)	*100 g Tomaten*
Salz, Essig, Pfeffer, 0,1 l Öl	*2 hartgekochte Eier*
5 g Gewürzpaprika	*Kopfsalatblätter*
80 g Pritamin	

Zuerst eine pikante Marinade bereiten, damit Aroma und Geschmack voll zur Geltung kommen. Dann den gegarten, entgräteten Fisch zerkleinern und abkühlen lassen. Die Paprikaschoten in kleine Stücke schneiden und 2—3 Minuten in wenig Fischbrühe kochen. Die Tomaten überbrühen, die Schale abziehen, die Früchte teilen, die Kerne ausdrücken und das Tomatenfleisch in Würfel schneiden. Alle Zutaten miteinander vermengen, mit etwas Zitronensaft abschmecken und einige Stunden im Kühlschrank durchziehen lassen. Mit Eisscheiben und Kopfsalatblättern anrichten.

19.
Stadtwäldchen-Salat
(Liget-saláta)

Eine im Sommer sehr beliebte Vorspeise aus dem Restaurant Gundel im Stadtwäldchen.

300 g Kartoffeln, 3 Eier	*1 Brathuhn*
2 kleine säuerliche Äpfel	*Salz, Zitronensaft*
200 g grüne Gurken	*Worcestersoße, Senf*
300 g Tomaten	*Schnittlauch, Pfeffer*
30 Stück Krebse	*Mayonnaise aus 2 Eigelb*
1 Salatkopf	*und 0,35 l Öl (Rezept 16)*

Kartoffeln mit der Schale und die Eier kochen, aus den Äpfeln das Kerngehäuse ausschneiden, die Gurken und Tomaten schälen, die Krebse kochen und das Fleisch auslösen. Die gepellten und ausgekühlten Kartoffeln und die Äpfel in kleine Stücke von etwa 3 mm schneiden. Die hartgekochten Eier und die Tomaten in Scheiben schneiden, ebenso die Gurken, diese jedoch in sehr dünne Scheiben. Den Kopfsalat in fingerdicke Streifen, das braune Fleisch vom Huhn in zündholzdünne Streifen, die Hühnerbrust in dünne Scheiben schneiden. Ein paar schöne Ei- und Tomatenscheiben sowie Hühnerbruststücke und Krebsschwänze zum Garnieren beiseite legen, das Übrige vorsichtig miteinander vermengen und mit den angegebenen Zutaten würzen. Die steife Mayonnaise erst unmittelbar vor dem Anrichten unterrühren, denn Gurken und Tomaten bilden Saft, der den Salat zu flüssig machen würde. Den Salat in einer Glasschüssel auf Kopfsalatblättern servieren, an den Seiten und obenauf mit Hühnerbrustscheiben, Krebsschwänzen, Ei- und Tomatenscheiben garnieren.

20.
Gefüllte Gurken
(Töltött uborka)

600 g Pilze
3 Eßlöffel Öl
30 g Zwiebeln
Salz, Pfeffer

———

Mayonnaise aus 2 Eigelb und 0,35 l Öl (Rezept 16)
Worcestersoße
Zitronensaft

———

250 g Tomaten
900 g eingelegte Gurken (Rezept 96)
200 g französischer Salat (Rezept 16)
2 hartgekochte Eier
Kopfsalatblätter
Petersilie, Aspik

Die gut gesäuberten Pilze sehr fein hacken und nach einer Zeit den Pilzsaft gründlich ausdrücken. Die feingehackten Zwiebeln in Öl anschwitzen, die Pilze dazugeben, salzen, pfeffern und unter ständigem Rühren so lange bräunen, bis der Pilzsaft verschmort ist. Die abgekühlten Pilze mit so viel Mayonnaise verrühren, daß eine streichbare Masse entsteht. Mit Worcestersoße und Zitro-

III. Serbischer Karpfen

nensaft abschmecken und kalt stellen. Inzwischen die ebenfalls gut gekühlten, möglichst gleich großen eingelegten Gurken und die Tomaten schälen. Die Gurken einmal der Länge nach durchschneiden und die Kerne möglichst entfernen. Eine ausgehöhlte Gurkenhälfte mit der Pilzmasse füllen, die andere darüberdecken. Die gefüllten Gurken auf französischem Salat anrichten und unmittelbar vor dem Servieren mit Mayonnaise überziehen, so daß sie völlig bedeckt sind. Jede Gurke mit 3 Tomatenscheiben garnieren und gehackter Petersilie bestreuen. Die Schüssel außerdem mit Salatblättern, in Scheiben geschnittenen hartgekochten Eiern und Aspik anrichten.

21.
Gesülzte Eier nach Munkácsy

Benannt nach dem ungarischen Maler Mihály Munkácsy (1844—1900).

Für den Fischsalat:	*für die Remoulade:*
250 g gekochter Fisch	*1 Eigelb, 0,175 l Öl*
200 g Tomaten, 120 g Pilze	*süße Sahne, Senf, Salz, Pfeffer*
200 g Sellerie	*Zucker, Kapern*
12 Eier	*Sardellenpaste*
Essig	*Essiggurke*
Estragonblätter	*Schnittlauch*
600 g Fischaspik	*Estragonblätter*

Zunächst die Remoulade zubereiten. Eigelb und Öl zu Mayonnaise rühren (Rezept 16), süße Sahne, Senf, Salz, Pfeffer, etwas Zucker, Kapern und Sardellenpaste zufügen, geschälte und kleingeschnittene Essiggurke, feingehackten Schnittlauch und kleingehackte Estragonblätter hineingeben. Die Remoulade gut kühlen.

Den gegarten Fisch entgräten, die Tomaten schälen, die Pilze und Sellerieknollen kochen. Alles mit etwas gelöstem Aspik und der Remoulade verrühren.

Die Eier, immer nur vier, in siedendes Salzwasser schlagen, dem zu einem Viertel Essig zugesetzt wurde. Da das Eigelb weich bleiben soll, die verlorenen Eier nur 3 Minuten kochen. Mit einer

IV. Pochierte Eier auf Bakonyer Art

Schaumkelle aus dem Wasser heben, abschrecken und die ausgefransten Ränder glattschneiden. Inzwischen auf dem Boden von 12 kleinen runden Blechformen eine dünne Schicht Aspik erstarren lassen und mit Estragonblättern garnieren. In jede Form ein verlorenes Ei geben, mit lauwarmem Aspik übergießen und steif werden lassen. Vor dem Servieren die Formen in warmes Wasser tauchen, damit sie sich stürzen lassen.
Den gut gekühlten Fischsalat in einer Glasschüssel anrichten, die gesülzten Eier darüber anordnen und mit Aspik und Kopfsalatblättern garnieren.

22.
Ferkel- (Schweins-) Sülze
(Malackocsonya)

2 kg Ferkel, 150 g Zwiebeln
80 g Möhren
50 g Petersilienwurzel
30 g Sellerie
50 g Paprikaschote
Salz, Pfefferkörner
Lorbeerblatt
Knoblauch
3 Gewürzpaprika
1 hartgekochtes Ei

Das abgesengte, gründlich gesäuberte Fleisch mit Schwarte mehrmals in Wasser waschen, eventuell auch überbrühen. Dann mit Wurzelwerk, Zwiebeln, Gemüse und Gewürzen in etwa 3 l Wasser ansetzen und bei schwacher Hitze recht weich kochen. Das gare Fleisch von den Knochen lösen, kleinschneiden und in einer tiefen Glas- oder Porzellanschüssel bzw. auf Tellern appetitlich anrichten. Eischeiben und in Scheiben geschnittenes Wurzelwerk als Garnierung anordnen und das Ganze kalt stellen. Mit der abgeseihten Ferkelbrühe nach Rezept 15 verfahren (Entfetten, Gelierprobe, Klären) und abgekühlt, kurz vor dem Erstarren über das Fleisch gießen. Sülze kann auch aus Schweinskopf, Spitzbein, Schweineschwanz und Schweineschwarten gekocht werden. Mitgekochtes Räucherfleisch verfeinert den Geschmack. Die Sülze mit Essig, Zitronensaft, geriebenem Meerrettich in Essig oder kleinen Essiggurken servieren, doch sollten auch Gewürzpaprika und Pfeffer zur Hand sein.

23.
Gänseleber in Schmalz
(Libamáj zsírjában)

1 kg Gänseleber, Salz	*80 g Zwiebeln*
150 g Gänse-	*0,1 Wein*
(oder Schweine-) schmalz	*5 g Gewürzpaprika*
Pfefferkörner	*1—2 Paprikaschoten und Tomaten*

Es ist ratsam, die Gänseleber vor der Zubereitung mindestens 1 Stunde in Milch zu legen. Sie dann salzen und in heißem Fett anbraten, Pfefferkörner und Zwiebelringe zufügen. Wenn sich die Zwiebelringe zu bräunen beginnen, mit etwas Wein und Wasser löschen. Die Leber zugedeckt bei schwacher Hitze schmoren und von Zeit zu Zeit Flüssigkeit nachgießen, sobald der Schmorsaft verkocht ist. Ist die Leber weich, ohne Deckel in der Röhre weiter braten, dabei wenden und mit Bratfett beträufeln, bis sie von allen Seiten schön braun gebraten ist. Darauf achten, daß sie saftig bleibt. Die Leber aus dem Bratfett nehmen, abkühlen lassen, mit einem in warmes Wasser getauchten scharfen Messer aufschneiden und auf einer Platte anrichten. In das erhitzte Fett Gewürzpaprika einrühren, das Fett über die Leberscheiben seihen, die Leber mit goldgelb gerösteten Zwiebelringen garnieren und kalt stellen. Vor dem Servieren den Rand der Platte mit grünen Paprikaschoten und Tomaten garnieren.

Als Beilage gründlich gebürstete und mit der Schale in der Röhre gebackene, heiße Kartoffeln reichen.

Die Gänseleber kann auch mit Knoblauch zubereitet werden. Empfehlenswerter ist es jedoch, Toastscheiben und geschälte Knoblauchzehen zur Leber zu reichen, dann kann sich jeder nach Belieben den Toast mit Knoblauch einreiben und als Beilage zur Gänseleber verzehren.

Restliches Gänseleberschmalz ist als Brotaufstrich eine Delikatesse.

7.

Warme Vorspeisen

Die meisten hier angegebenen Rezepte sind Fisch-oder Krebsspeisen, denn für viele ist ein Menü ohne diese kein richtiges Menü, und besonders gut schmecken sie z. B. nach einer kalten Suppe. Ein jedes dieser Gerichte kann aber auch nach einer kalten Vorspeise gereicht werden. Ist die kalte Vorspeise ein Fischgericht, kann die warme Vorspeise ein Ei- oder Pilzgericht sein und umgekehrt. Der eine Gang sollte jedoch in Saft schwimmen, der andere trockener sein, der eine sollte eine gehaltvollere, der andere eine leichtere Speise sein.

24.
Serbischer Karpfen
(Rácponty)

1,5 kg Kartoffeln	*50 g Schmalz, 200 g Zwiebeln*
400 g Paprikaschoten	———
200 g Tomaten	*80 g Schmalz*
———	———
1,2 kg Karpfenfilet	*30 g Mehl*
150 g Räucherspeck, Salz	*3 g Gewürzpaprika*
15 g Gewürzpaprika	*0,3 und 0,1 l saure Sahne*
———	*150 g Räucherspeck*

Kartoffeln mit der Schale halbgar kochen, pellen und in Scheiben schneiden. Aus den Paprikaschoten den Blütenstand entfernen, die Tomaten schälen und Paprikaschoten und Tomaten ebenfalls in Scheiben schneiden.

Das Karpfenfilet in 3—4 cm Länge mehrmals einschneiden und mit dünnen Speckscheiben ohne Schwarte spicken. Den Fisch salzen und mit Paprika bestreuen.

Eine tiefe Bratpfanne oder eine feuerfeste Jenaer Form einfetten, mit Kartoffelscheiben auslegen, den Karpfen darüber schichten — wenn vorhanden auch Rogen und Fischmilch — und mit dünnen Zwiebelringen bedecken. Darüber die Paprika- und Tomatenscheiben geben und mit zerlassenem Schmalz beträufeln. In der Röhre bei mittlerer Hitze dünsten. Ist der Fisch halbgar, mit saurer Sahne, in der Mehl und Paprika verrührt wurden, begießen. Dann gar dünsten und zum Schluß in der aufgedeckten Pfanne braten, damit das Gericht obenauf schön braun wird. Beim Servieren noch etwas saure Sahne darübergeben, mit gebratenen Speckscheiben, die bis zur Schwarte wie ein Hahnenkamm eingeschnitten wurden, garnieren und mit gehackter Petersilie bestreuen.

25.
Fogasch oder Schill mit Krebspörkölt
(Fogas vagy süllő rákpörkölttel)

Eine der erfolgreichsten Kreationen von Károly Gundel, hervorgegangen aus der Verbindung von französischer und ungarischer Küche.

2 kg Fogasch oder 1 kg Fogaschfilet
Salz, 40 g Butter
0,2 l Weißwein
20 g Butter

4 Portionen Krebspörkölt (Rezept 32)

für die holländische Soße:
7 Eigelb
0,15 l süße Sahne
250 g Butter
Salz, Zitronensaft,
Cayennepfeffer

Den Fisch filetieren und aus Haut, Mittelgräte und Kopf mit etwas Salz eine Fischbrühe kochen. Die Filets salzen und in einer mit Butter gefetteten Pfanne mit Wein, abgedeckt mit gefettetem Pergamentpapier, in der Röhre gar dünsten. Inzwischen das Krebspörkölt zubereiten, jedoch nur von 40 Krebsen und unter Verwendung der Fischbrühe.

Die holländische Soße unmittelbar vor dem Anrichten zubereiten. Dazu Eigelb, süße Sahne und Salz in einem Schaumkessel im Wasserbad unter ständigem Rühren mit dem Schneebesen zu einer schaumigen Masse schlagen. Dann vom Herd nehmen und unter ständigem schnellen Rühren allmählich die zerlassene, lauwarme Butter zugeben. Mit Zitronensaft und Cayennepfeffer abschmecken. Die Soße muß sahnig glatt und schaumig sein.

Die gedünsteten Fischfilets gut abtropfen lassen und in einer vorgewärmten Schüssel anrichten, mit der Soße übergießen und das Krebspörkölt in einem Längsstreifen auf dem Fisch anordnen. Als Beilage in Butter geschwenkte, mit Petersilie bestreute Kartoffeln reichen.

26.
Schillfilet auf ungarische Art
(Süllőszelet magyarosan)

2 kg Schill	*Salz*
80 g Schmalz	———
150 g Zwiebeln	*0,3 l saure Sahne*
150 g Paprikaschoten	*0,1 l Weißwein*
60 g Tomaten	*20 g Butter*
15 g Gewürzpaprika	*30 g Schmalz, 30 g Mehl*

Den Schill ausnehmen und filetieren, enthäuten und die Filets schwach salzen. Fischkopf, Mittelgräte, Flossen und Haut zusammen mit in Schmalz gerösteten Zwiebeln, kleingeschnittenen Paprikaschoten, Tomaten, Gewürzpaprika und Salz in etwa 1/2 l Wasser 1/2 — 1 Stunde kochen. Dann die Fischbrühe abseihen und die saure Sahne dazugeben.

Inzwischen die Fischfilets in der Röhre in wenig Wein, abgedeckt mit Pergamentpapier gar dünsten.

Schließlich die aus Fischbrühe und saurer Sahne zubereitete Soße mit einer hellen Mehlschwitze binden und durchgeseiht über die gedünsteten und in einer Schüssel angerichteten Fischfilets gießen. Als Beilage in Butter geschwenkte, mit Petersilie bestreute Kartoffeln oder Nockerln (Rezept 91) reichen.

27.
Forelle mit Gänseleberfüllung
(Libamájjal töltött pisztráng)

360 g Gänseleber	*5 cl Wein*
Salz, Pfeffer, 5 cl Kognak	*5 cl süße Sahne*
———	*Salz, Petersilie, 2 Eier*
2 kg Forelle	———
0,1 l Essig, 2 Semmeln	*120 g Butter*

Die Gänseleber am Vortag in kleine Würfel schneiden, salzen, pfeffern (oder mit Pastetengewürz würzen) und mit etwas Kognak beizen.

6 möglichst gleich große Forellen am Kopf haltend ausnehmen und in schwachem Essigwasser waschen.

Die in kleine Würfel geschnittenen Semmeln in Wein und süßer Sahne weichen, salzen, mit gehackter Petersilie bestreuen, mit den Eiern gut verrühren und auch die Leber zufügen.

Die Forellen ebenfalls salzen und mit der Masse füllen. Dann jede Forelle einzeln in gebuttertes Pergamentpapier oder Alufolie wickeln und in der Röhre bei schwacher Hitze etwa 20 Minuten im eigenen Saft dünsten. Ausgewickelt auf einer Platte anrichten, mit zerlassener Butter begießen und in Butter geschwenkte, mit Petersilie bestreute Kartoffeln als Beilage reichen. Es kann auch Mayonnaise, Tartarensoße oder Soße auf Csiker Art (Rezept 102) dazu serviert werden.

28.
Fogasch (Schill) nach Gundel
(Fogas Gundel módra)

Gelesen ist dieses Rezept von Károly Gundel lange nicht so fein wie gekostet…

1 kg frischer Spinat	*für die Mornay-Soße:*
20 g Butter	*40 g Butter, 30 g Mehl, 0,3 l Milch*
Salz, Pfeffer	*0,1 l süße Sahne*
———	*3 Eigelb*
150 g Pilze, 30 g Butter	*50 g geriebener Käse*
Salz, Pfeffer, Petersilie	*Salz, Muskatnuß*
———	———
800 g Fogaschfilet	*30 g geriebener Käse*
60 g Mehl, 1 Ei – 3 Eiweiß	*20 g Butter*
(die bei der Soßenzubereitung	———
übrigbleiben)	*500 g Kartoffeln,*
120 g Semmelbrösel	*2 Eigelb, Salz, Muskatnuß,*
150 g Schmalz oder Butter	*20 g Butter*

Den Spinat in Salzwasser mit einer Messerspitze Natron (wodurch der Spinat eine schönere Farbe bekommt) kochen, abgießen, im Sieb abspülen, ausdrücken und mit Butter und Pfeffer abschmecken.

Die in dünne Scheiben geschnittenen Pilze in Butter gar dünsten, salzen, pfeffern, mit feingehackter Petersilie bestreuen und den Pilzsaft einkochen.
Das Fogaschfilet in 6 Portionen teilen, salzen, mit Mehl, verquirltem Ei und Semmelbröseln panieren und in heißem Fett ausbacken.
Auf einer großen feuerfesten Platte den auf englische Art gekochten Spinat ausbreiten, darauf die gebackenen Fischfilets(nicht unmittelbar nebeneinander!) verteilen und obenauf die gedünsteten Pilze geben. Das Ganze mit der Mornay-Soße übergießen, die aus den oben angegebenen Zutaten wie eine Béchamelsoße zubereitet wird (Rezept 57). Schließlich mit geriebenem Käse bestreuen, mit zerlassener Butter beträufeln und in der heißen Röhre überbacken.
Noch geschmackvoller und ansprechender wird das Gericht, wenn wir vor dem Überbacken mit Hilfe eines Spritzbeutels den Rand der Platte mit Kartoffelpüree (Pommes Duchesse) garnieren. Dazu die Kartoffeln kochen, stampfen, mit 2 Eigelb, 20 g Butter und Salz verrühren, mit geriebener Muskatnuß abschmecken. (Anfangs kreierte Károly Gundel das Gericht ohne Pilze.)

29.
Schillfilet auf Bauernart
(Süllőszelet parasztosan)

Genauso zubereiten wie Rezept 26, jedoch ohne saure Sahne. Außerdem wird etwa 150 g Räucherspeck ohne Schwarte in Würfel geschnitten und in (weniger) Schmalz ausgelassen, bis die Grieben goldgelb sind. Im ausgelassenen Fett die Zwiebeln anrösten. Die Speckgrieben vor dem Servieren in die Soße einrühren.

30.
Sterlet auf Karpatische Art
(Kecsege Kárpáti módra)

30 Ragoutkrebse
1,8 kg Sterlet
(ein großer Fisch oder 6x300 g)
1 Bund Dill
———
0,1 l Weißwein, 100 g Butter

200 g Pilze
60 g Butter
Salz, Pfeffer, Petersilie
———
40 g Mehl
0,25 l süße Sahne

Die Krebse kochen, das Fleisch auslösen und Krebsbutter (Rezept 32) zubereiten.
Die ausgenommenen Sterlete zusammen mit den Köpfen einige Minuten in siedendes Wasser tauchen, unter kaltem Wasser abspülen, mit einem scharfen Messer die Haut abziehen, auf eine Vorlegegabel die sich an der Wirbelsäule entlangziehende gummiartige Sehne rollen, herausnehmen und den Fisch salzen.
Zarten Dill fein hacken, die Pilze in dünne Scheiben schneiden.
Den Fisch in der Röhre, mit etwas Fischbrühe oder Wein begossen und mit Pergamentpapier abgedeckt, das mit Butter gefettet wurde, bei mäßiger Hitze fast gar dünsten. Inzwischen die Pilzscheiben in Butter, mit Salz, Pfeffer und Petersilie andünsten, den feingehackten Dill zufügen (der Dillgeschmack soll überwiegen!), weiter dünsten und schließlich mit Fischbrühe oder Wasser auffüllen. Mehl in süßer Sahne glatt verrühren, die Pilze damit binden und Krebsfleisch und Krebsbutter zufügen. Gut aufkochen lassen, dann über den Fisch gießen und diesen unter zeitweiligem Schütteln des Topfes garen. Als Beilage in Butter geschwenkte Kartoffeln oder Reis reichen.
Das Gericht kann auch von Schillfilet zubereitet werden.

31.
Wels mit Sauerkraut
(Káposztás harcsa)

1,2 kg Welsfilet	*Pfeffer*
1,2 kg Sauerkraut	*20 g Schmalz, 50 g Mehl*
120 g Räucherspeck	*1/2 Bund Dill*
80 g Zwiebeln	*0,3 l saure Sahne*
30 g Schmalz	———
160 g Paprikaschoten	*5 cl saure Sahne*
80 g Tomaten	*2 g Gewürzpaprika*
20 g Gewürzpaprika	*10 g Schmalz*

Den Fisch enthäuten. Beim Salzen berücksichtigen, daß auch das Sauerkraut bereits Salz enthält.
Das Sauerkraut mit Wasser auffüllen und nach einigen Minuten abgießen. Das Wässern soll verhindern, daß das Kraut zu salzig oder zu sauer ist.
Den Räucherspeck ohne Schwarte in kleine Würfel schneiden, glasig auslassen, feingehackte

Zwiebel, etwas Schmalz, in Ringe geschnittene Paprikaschoten und geschälte Tomaten zufügen, mit Gewürzpaprika schnell verrühren und sofort das Sauerkraut hineingeben, pfeffern und gar dünsten (etwa 1 Stunde).

Inzwischen mit feingewiegtem Dill eine helle Mehlschwitze zubereiten und das Kraut damit binden.

Nun das Fischfilet hineingeben und zugedeckt in der Röhre etwa 20 Minuten dünsten, schließlich die saure Sahne zufügen und nochmals gut aufkochen. Beim Servieren zunächst das Kraut vorlegen, darauf den Fisch anrichten und mit etwas saurer Sahne und Paprikafett beträufeln.

32.
Krebspörkölt
(Rákpörkölt)

50 Ragoutkrebse	*6 g Gewürzpaprika*
Salz, Kümmel, Petersilie	*0,15 l Kraftbrühe*
80 g Butter	———
(für die Krebsbutter)	*80 g Butter, 15 g Mehl*

Die gut gewaschenen lebenden Krebse in schwach gesalzenem Wasser mit Kümmel und Petersilie kochen. Aus den Krebsscheren und -schwänzen das Fleisch auslösen und den Darm ausschneiden. Alle übrigen Krebsteile in einem Mörser zerkleinern, in Butter rösten, bis der Wassergehalt verkocht ist, dann mit so viel Kochwasser auffüllen, daß alles bedeckt ist, 20 Minuten kochen lassen und abseihen. Die erstarrte „Krebsbutter", die sich oben auf der abgekühlten Brühe abgesetzt hat, mit einer Schaumkelle abheben und so lange kochen, bis die Butter kein Wasser mehr enthält. (Die Krebsbutter kann im Kühlschrank mehrere Wochen lang aufbewahrt werden und eignet sich vorzüglich zum Würzen.)

Das Krebsfleisch in Krebsbutter erhitzen, mit Paprika würzen und etwa 0,15 l abgeseihte Krebsbrühe oder Kraftbrühe zugießen. Die feste Butter mit Mehl verarbeiten und auf das heiße (aber nicht kochende) Ragout krümeln. Unter Schütteln des Topfes etwas eindicken, wenn notwendig, nachwürzen und sofort auftragen. Als Beilage gesondert gedünsteten Reis reichen.

Das Krebspörkölt kann auch aus Scampi oder Krevetten zubereitet werden.

33.
Krebsstrudel
(Rákrétes)

40 Ragoutkrebse	*0,15 l saure Sahne*
160 g Butter	*20 g Butter*
2 Brötchen	*die Krebsbutter wie folgt verwenden:*
0,05 l süße Sahne	*etwa die Hälfte für die Füllung,*
1 Ei, 2 Eigelb	*etwa 1/3 für den Strudelteig,*
Salz, Muskatblüte (Macis)	*etwa 1/5 zum Bestreichen*

Die Krebse kochen, das Fleisch auslösen und Krebsbutter zubereiten, wie in Rezept 32 beschrieben. Zusätzlich noch 160 g Butter rösten, da wir für dieses Gericht mehr Krebsbutter brauchen. Die beiden Brötchen in süßer Sahne weichen, ausdrücken und zusammen mit dem Fleisch der Krebsschwänze und -scheren kleinhacken. In einem Kessel etwa 80 g Krebsbutter mit einem ganzen Ei und zwei Eigelb schaumig rühren, mit den Gewürzen und saurer Sahne vermengen. Einen Strudelteig nach Rezept 115 zubereiten, dünn ausrollen, mit zerlassener Krebsbutter beträufeln, die Krebsfüllung darauf verteilen und locker zusammenrollen. Auf einem mit Butter gefetteten Blech den Strudel nochmals mit zerlassener Krebsbutter streichen und in der nicht zu heißen Backröhre bei Oberhitze rotbraun backen. (Eventuell Krebssoße dazu reichen.)

34.
Rührei nach Santelli
(Santelli-rántotta)

Nach dem italienischen Fechtmeister Italo Santelli (1866—1945) benannt, der sich lange Zeit in Ungarn aufhielt und diese Eierspeise im Hotel Gellért gern als Gabelfrühstück einnahm.

300 g Debrecziner Wurst	*40 g Schmalz*
120 g Tomaten	*12 Eier*
240 g Paprikaschoten	*Salz, Pfeffer*
120 g Räucherspeck	*120 g geriebener Käse*

Die Wurst abpellen, die Tomaten schälen, aus den Paprikaschoten das Kerngehäuse entfernen und alle drei Zutaten in Scheiben schneiden. Kleingewürfelten Speck ohne Schwarte in wenig Schmalz glasig auslassen, die Wurst darin wenden, dann den Paprika dazugeben, und wenn dieser weich zu werden beginnt, auch die Tomaten zufügen. Solange dünsten, bis der Saft verkocht ist. Dann die mit der Gabel geschlagenen Eier darübergeben, salzen, pfeffern und braten. Mit geriebenem Käse bestreut servieren.

35.
Pochierte Eier nach Hadik

(Bevert tojás Hadik módra)

Benannt nach dem Feldmarschall und Kriegsgeschichtsschreiber Graf András Hadik (1710—1790).

400 g Kalbfleisch	*0,3 l Milch*
1 Ei, 1 Brötchen	*0,2 l süße Sahne*
Salz, Pfeffer	———
10 g Butter, Petersilie	*1 Eigelb*
———	*0,15 l süße Sahne*
60 g Zwiebeln	*20 g Butter*
20 g Schmalz	*20 g Semmelbrösel*
300 g Pilze	*60 g Schmalz*
Salz, Pfeffer, Petersilie	*12 Eier*
50 g Butter, 50 g Mehl	*Salz, Essig*

Das fein durchgedrehte Kalbfleisch mit Ei, geweichtem und ausgedrücktem Brötchen, Salz, Pfeffer und in Butter geschwenkter Petersilie gut durcharbeiten und aus der Masse 12 flache Fleischklößchen formen.

Feingehackte Zwiebel in Schmalz anschwitzen, in dünne Scheiben geschnittene Pilze zufügen, salzen, pfeffern und mit Petersilie rösten.

Inzwischen aus Butter und Mehl eine helle Mehlschwitze bereiten, mit kalter Milch und süßer Sahne löschen, die gedünsteten Pilze dazugeben und zusammen aufkochen. Dann nicht mehr kochen lassen und sogleich unter ständigem Rühren die mit Eigelb verquirlte süße Sahne zufügen und schließlich obenauf Butterflöckchen setzen.

Nun die Fleischklößchen in Semmelbröseln wenden und in Schmalz braten.
In kochendem Salzwasser, dem zu einem Viertel Essig zugesetzt wurde, die aufgeschlagenen Eier maximal 3 Minuten ziehen lassen, herausheben, abspülen und die Eiweißränder glattschneiden (Rezept 20). Sogleich anrichten: Auf jede Fleischbulette ein Ei setzen, mit Pilzsoße begießen und mit gehackter Petersilie bestreuen. Eventuell Reis als Beilage reichen.

36.
Pochierte Eier auf Bakonyer Art

(Bevert tojás bakonyi módra)

Bakony ist eine bewaldete Berg- und Hügellandschaft nördlich vom Balaton. Die Pilze mit saurer Sahne und Paprika auf Bakonyer Art können nicht nur zu pochierten Eiern, sondern auch zu Fischfilet oder Kalbssteak gereicht werden bzw. zusammen geschmort werden, wobei Nockerln, Reis oder in Butter geschwenkte Kartoffeln die Beilage bilden. Wenn man die Pilze feinhackt und die ganze Soße am Ende passiert, läßt sich mit Kraft- oder Fleischbrühe auf diese Art auch eine Cremesuppe zubereiten.

100 g Zwiebeln	*160 g Paprikaschoten*
120 g Butter	*80 g Tomaten*
15 g Gewürzpaprika	*0,3 l saure Sahne*
350 g Pilze	*30 g Mehl*
Salz, Knoblauch, gemahlener Kümmel, Petersilie	*12 Eier, Salz, Essig*
	4 Portionen gedünsteter Reis

Die feingehackten Zwiebeln in Butter etwas rösten, mit Gewürzpaprika bestreuen, schnell verrühren und sogleich die zerschnittenen Pilze zufügen, salzen, mit etwas Knoblauch, gemahlenem Kümmel und gehackter Petersilie würzen. Ist der Pilzsaft verkocht, die in Würfel geschnittenen Paprikaschoten und Tomaten hineingeben, mit etwas Knochenbrühe oder Wasser auffüllen und zugedeckt gar dünsten. Etwas Mehl in saurer Sahne glatt verrühren und die Pilze damit binden.
Zubereitung der Eier Rezept 20. Die pochierten Eier auf gedünsteten Reis setzen und das Ganze mit der Pilzsoße übergießen, mit gehackter Petersilie bestreuen und eventuell mit etwas Paprikafett beträufeln. Noch schmackhafter und „ungarischer“ wird das Gericht, wenn es mit ausgelassenem Räucherspeck zubereitet wird!

37.
Palatschinken auf Hortobágyer Art
(Hortobágyi palacsinta)

12 salzige Palatschinken	*5 cl saure Sahne, 20 g Mehl*
4 1/2 Portionen Kalbspörkölt	*0,4 l saure Sahne*

12 Palatschinken ohne Zucker, mit einer Prise Salz nach Rezept 108 backen. Von 750 g Kalbfleisch nach Rezept 39 ein Pörkölt zubereiten. Das gare Fleisch aus dem Schmorsaft nehmen und kleinhacken. Ein Drittel des Schmorsaftes auf das Hackfleisch zurückgießen, mit saurer Sahne beträufeln und weiter schmoren, bis eine breiige Masse entsteht. Diese Füllmasse gleichmäßig auf den Palatschinken verteilen, die Palatschinken von beiden Seiten her einschlagen und zusammenrollen. Den restlichen Schmorsaft mit in saurer Sahne angerührtem Mehl binden, aufkochen und durchgeseiht über die in der Röhre erhitzten Palatschinken gießen. (In ähnlicher Weise können Palatschinken auch mit Hühnerpörkölt gefüllt werden.) Heiß servieren.

38.
Makkaroni auf ungarische Art
(Makaróni magyarosan)

80 g Räucherspeck	*Salz, Knoblauch*
50 g Schmalz, 150 g Zwiebeln	*140 g Paprikaschoten, 60 g Tomaten*
15 g Gewürzpaprika	*600 g Makkaroni*
500 g Kalbfleisch	*120 g geriebener Käse*

Speckwürfel ohne Schwarte in etwas Schmalz glasig auslassen, feingehackte Zwiebel in dem Ansatz goldbraun rösten, mit Gewürzpaprika bestreuen und sogleich das in erbsenkleine Würfel geschnittene Fleisch hineingeben. Salzen und mit einer Spur Knoblauch würzen. Ist der Saft verschmort, etwas Wasser dazugießen und zugedeckt garen. Wenn das Fleisch fast weich ist, kleingewürfelte Paprikaschoten und Tomaten zufügen und den Saft einschmoren lassen. Mit den gekochten Makkaroni vermengt auf eine feuerfeste Platte geben, mit geriebenem Käse bestreuen und einige Minuten in der Röhre überbacken.

8.

Fleischgerichte

Wir kommen zum Höhepunkt der Speisenfolge. Hier ist die Auswahl der Zutatan größer und auch die Art der Zubereitung vielseitiger. Zunächst werden Rezepte für Pörkölt, Paprikasch und Tokány angegeben, dann folgen Krautgerichte, und Rezepte für die Zubereitung von Rindfleisch, Kalbfleisch und Schweinefleisch, und den Abschluß bilden Geflügel- und Wildgerichte.

39.
Pörkölt-Gerichte

Dieses Meisterstück der ungarischen Küche wird aus wertvollen, saftigen Fleischarten (Schulter, Haxe, Hals, eventuell Brust), häufig aus mehr oder weniger knochigen kleinen Fleischstücken zubereitet, es ähnelt dem Ragout und hat wenig Saft, der gehaltvoll ist, nicht eingedickt, aber auch nicht dünn sein darf. Die verschiedenen Pörkölt-Gerichte werden im wesentlichen in gleicher Weise zubereitet, sie unterscheiden sich nur in der Menge der Zutaten und im Würzen.

	Feines Fleisch oder Fleisch mit Knochen (kg)	Schmalz (g)	Zwiebeln (g)	Gewürzpaprika (g)	Salz	Knoblauch	Kümmel	Majoran	Wein	Paprikaschoten (g)	Tomaten (g)
Kalb, Lamm	1,– 1,25	120	250	20	+	?	–	–	–	200	100
Rind, Hammel, Reh, Hirsch, Hase	1,– 1,5	120	250	20	+	+	+	?	?	200	100
Schwein, Ferkel, Wildschein	1,– 1,5	80	250	20	+	+	+	–	–	160	80
Huhn	bis2	120	180	20	+	–	?	–	–	200	100
Gans, Ente, Pute	bis3	80	180	20	+	+	–	–	–	200	100
Gänseleber	–,8	80	180	20	+	?	–	–	?	200	100
Geflügelmagen	1,2	80	180	20							
Kaldaunen (39/a.)	1,3	120	250	20	+	+	+	–	?	160	80

Reines Fleisch wird in 2—3 cm große Würfel, Fleisch mit Knochen in Stücke von 40—50 g geschnitten; ein Huhn zerlegt man in 8—10 Teile. Bei Rind-, Hammel oder Wildpörkölt wird die Zwiebel in Schmalz angeschwitzt, bei den übrigen Fleischarten schwach geröstet. Dann unter Verringerung des Hitzegrades Gewürzpaprika in die nicht zu heiße Zwiebelschwitze schnell einrühren, das Fleisch dazugeben, salzen und rösten. Dann etwas Wasser oder Knochenbrühe aufgießen, die Gewürze zufügen und zugedeckt, unter zeitweiligem Rühren, bei mäßiger Hitze rösten. Ist der Saft verkocht, immer etwas Wasser nachgießen, so daß das Fleisch nicht kocht, sondern in wenig Saft, nahezu nur im eigenen Fett schmort. Beginnt das Fleisch weich zu werden, in Würfel geschnittene Paprikaschoten und Tomaten zufügen und fertig schmoren. Als Beilage Nockerln (Rezept 91), Eiergraupen (Rezept 90) oder Salzkartoffeln reichen und unbedingt einen pikanten Salat.

39/a Kaldaunenpörkölt (Pacalpörkölt) Zutaten siehe Tabelle. Die Kaldaunen vor dem Verbrauch mehrmals gründlich in Wasser weichen, dann etwa 1 Stunde vorkochen (im Schnellkochtopf 1/2 Stunde). Abspülen, abtropfen lassen und in Streifen schneiden. Aus den Kaldaunenstreifen wie oben angegeben ein Pörkölt zubereiten, allerdings ausnahmsweise immer so viel Wasser zugießen, daß die Kaldaunen bedeckt sind. Ist das Pörkölt gar, den reichlichen Schmorsaft mit 50 g Mehl, das in Wasser angerührt wird, binden. Zu diesem Gericht passen nur Salzkartoffeln, Stampfkartoffeln oder Zwiebelstampfkartoffeln als Beilage.

39/b Pußtapörkölt Wird ebenso zubereitet wie Rinderpörkölt (Rezept 39), jedoch unbedingt mit Majoran gewürzt. Beginnt das Fleisch weich zu werden, gleichzeitig mit Paprikaschoten und Tomaten auch 1,2 kg Kartoffeln — längs in Achtel geschnitten — zufügen, mit 0,1—0,2 l Rotwein auffüllen und gar schmoren. Zum Schluß einige gezupfte Nockerln (Rezept 14) mitkochen. Pußtapörkölt kann im Kessel aufgetragen werden. Der Schmorsaft ist nicht so dünn wie beim Kesselgulasch, doch auch nicht ganz so dick wie beim Rinderpörkölt.

V. Kalbspaprikasch
VI. Tokány nach Gundel

40.
Hühner-, Lamm- oder Kalbspaprikasch
(Csirke-, Bárány-, Borjúpaprikás)

100 g Schmalz, 120 g Zwiebeln
12 g Gewürzpaprika
2,1 kg Huhn
1,25 kg Lammfleisch mit Knochen oder
1 kg Kalbfleisch ohne Knochen
Salz
160 g Paprikaschoten
80 g Tomaten
20 g Mehl
0,3 l saure Sahne

Wird wie Pörkölt (Rezept 39) zubereitet. Man verwendet allerdings weniger Schmalz, Gewürzpaprika und Zwiebeln, letztere nur schwach rösten, sozusagen nur anschwitzen. Der entscheidende Unterschied besteht darin, daß, ist das Fleisch gar, der reichliche Schmorsaft mit Mehl und saurer Sahne gebunden wird, wobei man den Topf schüttelt. Als Beilage eignen sich am besten Nockerln (Rezept 91), es können aber auch Reis, eventuell Salzkartoffeln oder Stampfkartoffeln gereicht werden. Dem individuellen Geschmack bleibt es überlassen, ob trotz der sauren Sahne auch ein Salat gereicht wird.

Zu den Paprikasch-Gerichten gehört auch Schillfilet auf ungarische Art (Rezept 26), weiterhin Fischpaprikasch und Pilzpaprikasch. Bei diesen Speisen sind die Hinweise zum Gebrauch von saurer Sahne (S. 22) zu beachten.

41.
Tokány auf Debrecziner Art
(Debreceni tokány)

100 g Räucherspeck
60 g Schmalz, 150 g Zwiebeln
20 g Gewürzpaprika
900 g Rindfleisch ohne Knochen
(Hals, Schulter, Haxe)
Salz
Knoblauch
180 g Debrecziner Wurst
140 g Paprikaschoten
60 g Tomaten

Kleingewürfelten Speck ohne Schwarte in Schmalz auslassen und die feingehackten Zwiebeln darin hellbraun rösten. Den Gewürzpaprika schnell in der Schwitze verrühren und sogleich das in

3 cm lange Streifen geschnittene Fleisch hineingeben, salzen und unter häufigem Umwenden anbraten, bis der eigene Saft verschmort. Ein erbsengroßes Stück Knoblauch zusammen mit etwas Knochenbrühe oder Wasser zufügen. Das Fleisch zugedeckt bei mäßiger Hitze unter zeitweiligem Nachgießen von wenig Flüssigkeit schmoren. Es darf nicht kochen, nur in wenig Saft garen. Ist das Fleisch halbgar, den Saft bis auf das Bratfett einschmoren, abgepellte und in Scheiben geschnittene Wurst sowie gewürfelte Paprikaschoten und Tomaten hineingeben und fertig schmoren. Als Beilage können Eiergraupen (Rezept 90), Salzkartoffeln mit Petersilie oder gedünsteter Reis und ein pikanter Salat gereicht werden.

42.
Pfeffertokány
(Borsos tokány)

100 g Schmalz
150 g Zwiebeln
1 kg Rindfleisch ohne Knochen
Salz, Pfeffer, Knoblauch
140 g Paprikaschoten
60 g Tomaten

Wird ebenso zubereitet wie Rezept 41, jedoch ohne Speck, Gewürzpaprika und Wurst. Das Gericht soll einen intensiven Pfeffergeschmack haben!

43.
Tokány nach Gundel

800 g Lende
180 g Gänseleber
150 g zarte grüne Bohnen
150 g Spargelspitzen
150 g grüne Erbsen
Salz, Zucker

---

100 g Pilze, 20 g Schmalz
Salz, Pfeffer, Petersilie

0,05 l süße Sahne
Salz, 6 Eier, 40 g Butter

---

1 kg Kartoffeln
100 g Schmalz

---

30 g Zwiebeln
100 g Schmalz
Salz, Pfeffer, Majoran
0,15 l Rotwein, 10 g Mehl

Für dieses Gericht sollte nur ein sehr gut abgehangenes Stück Lende gewählt werden. Dieses und auch die Gänseleber in 3 cm lange Streifen schneiden.
Die in etwa 2 cm lange Stücke geschnittenen grünen Bohnen, die Spargelspitzen und die grünen Erbsen — wegen der unterschiedlichen Kochzeit jeweils getrennt — in Salzwasser mit einer Prise Zucker gar kochen.
Die in dünne Scheiben geschnittenen Pilze in Schmalz mit Salz, Pfeffer und Petersilie dünsten, bis der eigene Saft verschmort ist.
Die Eier mit süßer Sahne und einer Prise Salz verquirlen und in zerlassener Butter unter ständigem Rühren zu einem flockigen Rührei backen.
In heißem Fett die Strohkartoffeln bereiten.
Dann feingehackte Zwiebeln in Schmalz anschwitzen, das Fleisch hineingeben, salzen, pfeffern, mit Majoran würzen und das Fleisch unter ständigem Schütteln der Pfanne bei starker Hitze anbraten. Ist es halb durchgebraten, die Gänseleber zufügen und ebenfalls braten. Dann Rotwein auffülen, ein wenig Mehl darüberstäuben, die gedünsteten Pilze und die abgegossenen dreierlei Gemüsesorten dazugeben. Alles gut miteinander verrühren, fertig kochen und sogleich servieren. Das Tokány auf eine ovale Platte schütten, in der Mitte nestförmig das Rührei und am Ende der Platte die Strohkartoffeln anordnen.

44.
Herányer Tokány

Eine beliebte Speise der Siebenbürger Sachsen.

250 g Kalbs- oder Schweinenieren	*Majoran, Knoblauch*
350 g Rindfleisch	*Salz, Pfeffer*
350 g Schweinefleisch	———
180 g Pilze	*80 g Räucherspeck*
———	*20 g Schmalz*
80 g Schmalz	*Salz, Pfeffer*
150 g Zwiebeln	———
15 g Gewürzpaprika	*20 g Mehl, 0,3 l saure Sahne*

Die Nieren häuten, längs aufschneiden und nach dem Entfernen der Röhren überbrühen. Die so vorbereiteten Nieren und das Fleisch in 3 cm lange Streifen, die Pilze in dünne Scheiben schneiden.

Die feingehackten Zwiebeln in Schmalz goldgelb rösten, schnell den Gewürzpaprika hineinrühren und sogleich das Rindfleisch dazugeben, salzen, pfeffern, mit wenig Majoran würzen und das Fleisch anbraten, bis der eigene Saft verschmort ist. Dann unter Zugießen von etwas Knochenbrühe oder Wasser in wenig Saft zugedeckt schmoren. Ab und zu Flüssigkeit nachgießen. Nach Belieben kann eine Spur Knoblauch zugefügt werden. Ist das Rindfleisch halbgar, das Schweinefleisch dazugeben. Während das Fleisch schmort, in einer Pfanne Speckwürfel ohne Schwarte in Schmalz auslassen, Nieren und Pilze hineingeben, salzen, pfeffern und bei starker Hitze kurz anbraten. Sind Rindfleisch und Schweinefleisch fast gar, zusammen mit den angebratenen Nieren und Pilzen fertig schmoren. Schließlich Mehl in saurer Sahne anrühren und das Tokány unter ständigem Schütteln des Topfes damit binden. Als Beilage Kartoffeln, gedünsteten Reis oder Nockerln (Rezept 91) reichen.

45.
Tokány nach den Sieben Stammesfürsten

(Hét vezér tokány)

Benannt nach den sieben magyarischen Stammesfürsten, die mit ihrem Volk ins Karpatenbecken einzogen.

300 g Rindfleisch	*12 g Gewürzpaprika*
300 g Schweinefleisch	*Salz*
300 g Kalbfleisch	*160 g Paprikaschoten*
100 g Räucherspeck	*80 g Tomaten*
60 g Schmalz	*20 g Mehl*
120 g Zwiebeln	*0,25 l saure Sahne*

Das Fleisch wie für Ragout in Stücke, den Speck ohne Schwarte in zündholzschmale Streifen schneiden. Letzteren in Schmalz auslassen und kleingehackte Zwiebeln im abgeseihten Fett goldgelb rösten. Schnell den Gewürzpaprika darin verrühren, sogleich das Rindfleisch hineingeben, salzen und so lange anbraten, bis der eigene Saft verschmort ist. Nun etwas Knochenbrühe oder Wasser zugießen und zugedeckt 30 Minuten schmoren, dabei ab und zu noch etwas Flüssigkeit nachgießen. Dann das Schweinefleisch und nach weiteren 20 Minuten auch das Kalbfleisch hineingeben. Wenn das Fleisch anfängt gar zu werden, kleingewürfelte Paprikaschoten und Tomaten sowie die zurückbehaltenen Grieben vom ausgelassenen Speck zufügen und alles zusammen fertig schmoren. Schließlich das Tokány mit in saurer Sahne glatt verrührtem Mehl unter Schütteln des Topfes binden. Als Beilage gedünsteten Reis, Nockerln (Rezept 91) oder Eiergraupen (Rezept 90) reichen.

46.
Széklergulasch
(Székelygulyás)

Dieses Gericht wurde nicht nach den Széklern benannt; es war József Székely (1825—1895), Schriftsteller, Dichter, Journalist und Archivar, der zu dieser vorzüglichen Speise inspirierte. Und es handelt sich auch nicht um ein echtes Gulaschgericht, das Széklergulasch wird gehaltvoller zubereitet, ist aber andererseits suppiger als ein Pörkölt. Ursprünglich bestand es aus dreierlei Fleischsorten, heute nimmt man im allgemeinen nur Schweinefleisch.

900 g Schweinefleisch	*1,2 kg Sauerkraut*
100 g Schmalz	*160 g Paprikaschoten*
250 g Zwiebeln	*20 g Mehl*
15 g Gewürzpaprika	*0,4 l saure Sahne*
Salz, Knoblauch, Kümmel	*zarter Dill*

Ein Pörkölt mit den oben angegebenen Zutatenmengen wie Rezept 39 zubereiten, jedoch nur sehr wenig oder gar nicht salzen. Inzwischen das Sauerkraut vorbereiten. Sehr salziges oder saures Kraut abspülen, ansonsten etwas Wasser auffüllen und nach ein paar Minuten im Sieb abtropfen lassen. Das abgegossene Wasser jedoch beiseite stellen, eventuell kann es noch später zum Nachwürzen verwandt werden. Ist das Fleisch halbgar, den Schmorsaft bis auf das Bratfett einschmoren, Sauerkraut und Paprikaschoten dazugeben, alles miteinander vermengen, ungefähr 0,2 l Knochenbrühe oder Wasser dazugießen und zugedeckt fertig schmoren. Das Sauerkraut sollte nicht zu weich sein. Mehl mit saurer Sahne glatt verrühren, damit das Kraut binden, nochmals gut aufkochen und mit feingewiegtem Dill bestreuen.

Das Széklergulasch kann auch aus Schweinskotelett, Schweinsfilet oder aus Schweinebauch bereitet werden. Aufgewärmt schmeckt es auch am nächsten Tag ausgezeichnet, hat dann allerdings viel von seinen Nährstoffen verloren.

47.
Tokány auf Csikós-Art

Ebenso wie Rezept 45 zubereiten, jedoch nicht aus dreierlei Fleischsorten, sondern nur aus in Streifen geschnittenem Schweinefleisch. Das Gericht kann nach Belieben mit einer Spur Knoblauch abgeschmeckt werden.

48.
Siebenbürger geschichtetes Kraut
(Erdélyi rakott káposzta)

1,2 kg Sauerkraut	*200 g Räucherwurst*
———	*150 g durchwachsener Räucherspeck*
150 g Zwiebeln, 60 g Schmalz	———
10 g Gewürzpaprika	*100 g Paprikaschoten*
Pfeffer	*50 g Tomaten*
———	*0,5 l saure Sahne*
20 g Schmalz, 150 g Reis	*40 g Schmalz*
———	*2 g Gewürzpaprika*
700 g Schweinefleisch (nicht zu mager)	*Knochenbrühe*
Salz, Knoblauch, Pfeffer, Majoran	*Petersilie*

Das Sauerkraut nach Rezept 47 vorbereiten. Feingehackte Zwiebeln in Schmalz hellbraun rösten, Gewürzpaprika schnell in der Schwitze verrühren und die Hälfte der Zwiebelschwitze auf das Sauerkraut geben. Pfeffern und mit wenig Knochenbrühe oder Wasser zugedeckt etwa 15 Minuten dünsten. Inzwischen Reis in erhitztem Schmalz anschwitzen und nur mit so viel Wasser auffüllen, wie es dem Reisvolumen entspricht, dann den Reis halbgar dünsten.

Das Schweinefleisch durchdrehen, die restliche Zwiebelschwitze, 1 Prise Salz, Knoblauch, Pfeffer und Majoran zufügen und unter zeitweiligem Rühren bei mäßiger Hitze halbgar braten. Gleichzeitig kleingewürfelten Speck auslassen und die abgepellte und in Scheiben geschnittene Wurst darin bei starker Hitze kurz anbraten.

Eine tiefe Bratpfanne oder einen Schmortopf mit einem Drittel des Sauerkrauts auslegen, darauf die Hälfte vom Reis, des angebratenen Gehackten, der in Speck angebratenen Wurstscheiben und schließlich der würflig geschnittenen Paprikaschoten und Tomaten schichten. Nun folgt ein weiteres Drittel des Sauerkrauts. Einen Teil der sauren Sahne darüber träufeln und die andere Hälfte der oben genannten Zutaten in weiteren Lagen übereinanderschichten. Den Abschluß bildet das restliche Sauerkraut, dieses mit etwas Fett und saurer Sahne beträufeln sowie mit Gewürzpaprika bestreuen. In der Röhre bei mittlerer Hitze ungefähr 50—60 Minuten dünsten, zuerst zugedeckt, zum Schluß ohne Deckel, damit das geschichtete Kraut obenauf schön bräunt. Zwischendurch je nach Bedarf etwas Knochenbrühe nachfüllen, gerade so viel, daß das Kraut nicht anbrennt.

Das fertige Gericht mit Petersilie bestreuen, in Würfel schneiden und heiß servieren. (Es kann auch in einer feuerfesten Schüssel zubereitet werden.

49.
Gefülltes Kraut
(Töltött káposzta)

100 g Reis
10 g Schmalz
1 Prise Salz

———

100 g Zwiebeln
60 g Schmalz

———

500 g Schweinefleisch ohne Knochen
120 g Räucherspeck
1 1/2 Eier
1 Prise Salz, Knoblauch,
Pfeffer, etwas Majoran
5 g Gewürzpaprika

1,2 kg Sauerkraut
6 größere oder
12 kleinere Sauerkrautblätter
200 g geräucherte Schweinerippen
6 g Gewürzpaprika
Knoblauch, Pfeffer

———

30 g Schmalz, 20 g Mehl
20 g Zwiebeln
1 Messerspitze Gewürzpaprika

———

10 g Mehl
0,3 l saure Sahne

Den Reis in erhitztem Schmalz kurz anschwitzen und mit so viel Wasser auffüllen, wie dem Volumen des Reises entspricht, salzen und ihn zugedeckt halbgar dünsten.

Feingehackte Zwiebel in Schmalz hellbraun rösten.

Das Fleisch durchdrehen, dem abgekühlten Reis zufügen, auch die Hälfte der angeschwitzten

Zwiebeln, kleingewürfelten Speck, Eier und Gewürze hineingeben und alles gut durcharbeiten. Das Sauerkraut wie unter Rezept 47 angegeben vorbereiten. Von den möglichst gleich großen Sauerkrautblättern die starken Blattadern ausschneiden, so daß sich die Blätter leicht formen lassen. Die Fleischfüllung auf den Blättern verteilen, die Blattränder einschlagen und zu Rouladen rollen. Die beiden Ende der Krautrouladen mit dem Finger etwas eindrücken.

Dann in einen Topf zwei Drittel des Sauerkrauts geben, darauf in einer Schicht die Krautrouladen nebeneinander legen, in Stücke geschnittene Schweinsrippchen darübergeben und mit dem restlichen Sauerkraut bedecken. In den zurückbehaltenen angeschwitzten Zwiebeln Gewürzpaprika verrühren und sie über das Kraut geben. Mit so viel Wasser oder Knochenbrühe auffüllen, daß das Kraut bedeckt ist. Mit etwas zerstoßenem Knoblauch und Pfeffer würzen und zugedeckt bei mäßiger Hitze 1—1 1/2 Stunden dünsten, dabei ab und zu Flüssigkeit nachgießen.

Dann die Krautrouladen in ein anderes Gefäß geben und bis zum Anrichten warm stellen.

Von Schmalz, Mehl, Zwiebeln und Gewürzpaprika eine helle Mehlschwitze bereiten und das Sauerkraut damit andicken, dann mit wenig Mehl verrührte saure Sahne dazugießen, das Sauerkraut nochmals gut durchkochen, die Krautrouladen zurückgeben und eventuell mit etwas saurer Sahne beträufelt servieren.

49/a Gefülltes Kraut auf Kolozsvárer Art (Kolozsvári töltött káposzta) Eine Variante von Rezept 49, angereichert mit Wurst, Speck und Schweinskotelett. Deshalb nur 6 Krautrouladen zubereiten, aus 80% der unter Rezept 48 angeführten Zutaten, aber ohne Speck und geräucherte Schweinsrippchen. Statt dessen 200 g geräucherten, gut durchwachsenen Speck im Sauerkraut mitkochen und in der letzten Viertelstunde der Kochzeit 6 Debrecziner Würstchen (je 80 g) mit hineingeben. Ist das Sauerkraut gar, 6 Schweinskoteletts (je 80 g) in wenig erhitztem Schmalz rotbraun anbraten.

In einer ovalen Schüssel erst das Sauerkraut anrichten, darauf in der Mitte eine Reihe Krautrouladen, die je mit einer Scheibe Speck belegt werden. Auf eine Seite jeder Krautroulade je eine längs eingeschnittene Debrecziner Wurst, auf die andere je ein Kotelett legen.

Es sieht beim Anrichten gefälliger aus, wenn der Speck nicht im Sauerkraut mitkocht, sondern in Scheiben geschnitten, bis zur Schwarte im Abstand von 1 cm hahnenkammartig eingeschnitten, ausgebraten wird. Die Speckscheiben in Gewürzpaprika wenden und auf der Schüssel obenauf anordnen.

rizling

49/b Schweinskotelett auf Hargitaer Art (Hargitai sertésborda)

720 g Schweinskotelett (6 Scheiben)	*Salz, Pfeffer*
etwas Salz	*Majoran*
30 g Mehl	——
80 g Schmalz	*6 Sauerkrautblätter*
——	——
1,2 kg Sauerkraut	*150 g Räucherspeck*
250 g Debrecziner Wurst	*40 g Schmalz*
120 g Zwiebeln	——
350 g Schweinsgehacktes	*20 g Mehl*
	0,4 l saure Sahne, Dill

Die Koteletts klopfen, salzen, am Rand die Haut einschneiden, von beiden Seiten in Mehl wenden und in erhitztem Schmalz anbraten.

Das Sauerkraut nach Rezept 47 vorbereiten, mit etwas Knochenbrühe oder Wasser auffüllen und zusammen mit der abgepellten Debrecziner Wurst so lange kochen, bis die Wurst gar ist. Dann die Wurst herausnehmen und in Scheiben schneiden.

Im Bratfett der Koteletts kleingehackte Zwiebeln hellbraun rösten, das Schweinsgehackte dazugeben, würzen und unter ständigem Rühren anbraten. Mit der Fleischmasse die Koteletts bestreichen, Wurstscheiben darüberlegen und jedes dieser belegten Koteletts in ein Sauerkrautblatt einwickeln, aus dem zuvor die stärkeren Blattadern ausgeschnitten wurden, und mit Zwirn umwickeln.

Speckwürfel ohne Schwarte auslassen und zusammen mit dem ausgelassenen Fett auf das Sauerkraut geben. Nun die Koteletts nebeneinander auf dem Sauerkraut anordnen, eventuell mit einer Spur Knoblauch würzen und zugedeckt bei mittlerer Hitze etwa 60—70 Minuten in der Röhre dünsten. Dabei ab und zu Flüssigkeit nachfüllen, so daß das Kraut in wenig Saft dünstet. Ist das Sauerkraut gar, die Koteletts herausnehmen und den Zwirnsfaden entfernen.

Mehl mit saurer Sahne glatt verrühren, damit das Sauerkraut binden und gut aufkochen. Die Koteletts zurückgeben und mit gehacktem Dill bestreut heiß servieren.

VIII. Kalbskoteletts nach Gundel

50.
Hammel mit Weißkohl
(Káposztás ürü)

6 Portionen Hammelpörkölt	*600 g Kartoffeln*
1 kg Weißkohl	*Dill, Pfeffer*

Vom Schulter- oder Bauchstück eines Masthammels nach Rezept 39 mit etwas mehr Schmalz sowie Kümmel und Knoblauch ein Pörkölt zubereiten. Inzwischen aus dem Weißkohl den Strunk entfernen, die Blätter in Streifen schneiden und die Kartoffeln würfeln. Ist das Fleisch nahezu gar, zuerst das Kraut, später die Kartoffeln dazugeben, mit etwas Knochenbrühe oder Wasser auffüllen und zugedeckt gar dünsten. Mit Dill und Pfeffer abschmecken.

51.
Gefüllte Paprikaschoten
(Töltött paprika)

Für die Tomatensoße:	*Für die Füllung:*
100 g Wurzelwerk	*100 g Reis*
60 g Zwiebeln	*10 g Schmalz*
Sellerieblätter	*50 g Zwiebeln*
80 g Schmalz, 60 g Mehl	*30 g Schmalz*
1,6 kg Tomaten oder	*Salz*
350 g Tomatenmark	*600 g Schweinsgehacktes (halbfett)*
1 l Knochenbrühe	*1 1/2 Eier*
Salz, Zucker	*Salz, Knoblauch*
———	*Pfeffer, Petersilie*
12 Paprikaschoten	*Majoran*

Wurzelwerk, Zwiebeln und Sellerieblätter in Schmalz anbräunen, mit Mehl bestäuben und weiter bräunen. Die Tomaten bzw. das Tomatenmark dazugeben, mit Knochenbrühe auffüllen, würzen und etwa 1 Stunde kochen. Dann passieren und wenn erforderlich, nachwürzen. Die Soße soll nicht zu süß und nicht zu dick sein.

Möglichst gleiche, etwa 8—10 cm lange Paprikaschoten auswählen. Am Stiel einen ganz kleinen Deckel abschneiden und den Samenstand aus den Schoten entfernen. Sind die Paprikaschoten scharf, mit einem kleinen Löffel auch die Adern ausschaben. Eventuell kann die Schärfe auch durch Überbrühen gemildert werden. Reis halbgar zubereiten. Die Füllung nach Rezept 49 zubereiten, jedoch von den oben genannten Zutaten, also ohne Speck und Gewürzpaprika! Eventuell auch mit 1 Messerspitze Majoran würzen. Ist die Hackfleischmasse mit den Eiern und dem Reis gut durchgearbeitet, die Paprikaschoten damit füllen — nicht zu fest und nicht zu locker. Die Früchte in einem Schmortopf in einer Schicht nicht zu dicht nebeneinanderlegen, mit der Tomatensoße begießen und bei schwacher Hitze zugedeckt gar dünsten, dabei von Zeit zu Zeit den Topf schütteln. Nach Belieben können Salzkartoffeln mit Petersilie als Beilage gereicht werden.

(Weniger bekannte und nicht so verbreitete Abwandlungen des Gerichts sind: Dillsoße anstelle der Tomatensoße bzw. Schinken-, Eier- oder grüne Erbsenrisotto anstelle der Fleischfüllung.)

52.
Ungarischer Rostbraten
(Pörkölt rostélyos)

1 kg Rostbraten ohne Knochen	*250 g Zwiebeln*
Salz 60 g Mehl	*20 g Gewürzpaprika*
60 g Schmalz	*Knoblauch, Kümmel*
———	*160 g Paprikaschoten*
60 g Schmalz	*80 g Tomaten*

Die Fleischscheiben klopfen, die Sehnen einschneiden und das Fleisch salzen, in Mehl wenden und in heißem Schmalz bei starker Hitze auf beiden Seiten kurz anbraten. Dann einen Schmortopf mit dem Fleisch auslegen. Dem Bratfett noch Schmalz zugeben, die feingehackten Zwiebeln darin hellbraun rösten, den Gewürzpaprika in der Schwitze schnell verrühren, sogleich mit Knochenbrühe oder Wasser auffüllen und das Ganze über die Fleischscheiben gießen. Mit fein zerstoßenem Knoblauch und Kümmel würzen und unter zeitweiligem Schütteln des Topfes zugedeckt bei mäßiger Hitze schmoren. Den verkochten Schmorsaft immer durch ein wenig Wasser ersetzen. Das Fleisch soll nicht kochen, sondern in wenig Saft, sozusagen im Fett schmoren. Ist das Fleisch fast gar, würflig geschnittene Paprikaschoten und Tomaten zufügen und gar schmoren. Als Beilage Salzkartoffeln, Nockerln (Rezept 91) oder Eiergraupen (Rezept 90) reichen.

52/a Rostbraten auf Hortobágyer Art (Hortobágyi rostélyos) Unterscheidet sich von Rezept 52 insofern, daß anstelle der Beilage beim Anrichten auf jede Fleischscheibe ein großer, flacher Grießkloß gesetzt wird, über den man einen Löffel Schmorsaft und gehackte Petersilie gibt. Für die Grießklöße — während das Fleisch schmort — 1 Eigelb mit 50 g Schmalz schaumig schlagen, salzen und mit 120 g Grieß verrühren. 1/2 Stunde stehen lassen. Das Eiweiß steif schlagen, vorsichtig unter die Grießmasse heben. Salzwasser zum Sieden bringen, mit einem in Wasser getauchten Löffel von der Grießmasse Klöße abstechen und im Salzwasser kochen. Dann die Klöße noch ziehen lassen, sie dürfen aber nicht aufweichen!

52/b Rostbraten mit Letscho (Lecsós rostélyos) Zubereitung wie bei Rezept 52, aber ohne Kümmel. Anstelle der dort angegebenen Paprikaschoten und Tomaten nach Rezept 83 von 100 g Räucherspeck, 1 kg Paprikaschoten und 400 g Tomaten ein Letscho zubereiten. Ist das Fleisch gar, das Letscho darübergeben und noch ein paar Minuten zusammen schmoren. Als Beilage Salzkartoffeln reichen, aber keinen Salat.

52/c Szegediner Rostbraten (Szegedi rostélyos) Zubereitung wie Ungarischer Rostbraten (Rezept 52), jedoch zusätzlich 150 g Möhren, 100 g Petersilienwurzeln und 50 g Sellerie in kleinere und 1 kg Kartoffeln in etwas größere Würfel schneiden und das Wurzelwerk in etwas Schmalz halbgar dünsten. Dann gezupfte Nockerln nach Rezept 14 kochen.

Wenn das Fleisch anfängt gar zu werden, gleichzeitig mit den Paprikaschoten und den Tomaten auch das Wurzelwerk und die Kartoffeln dazugeben, etwas Knochenbrühe oder Wasser auffüllen und alles zusammen gar schmoren. Beim Servieren zuerst die Fleischscheiben vorlegen, dann mit einer Schaumkelle Wurzelwerk und Kartoffeln darübergeben, darauf die abgegossenen gezupften Nockerln verteilen und schließlich mit Schmorsaft begießen und gehackter Petersilie bestreuen.

52/d Rostbraten auf serbische Art (Szerb rostélyos) Auch dieses Gericht weicht nur in der letzten Phase der Zubereitung von Rezept 52 ab. Während das Fleisch schmort, 60 g Räucherspeckwürfel ohne Schwarte rösten, in Salzwasser 800 g Wirsingkohl halbgar kochen und 1 kg Kartoffeln in Würfel schneiden. Ist das Fleisch fast gar, den Wirsingkohl abgießen, in Streifen schneiden, zusammen mit den Kartoffeln, dem Speck, den Paprikaschoten und Tomaten zum Fleisch geben und alles zusammen gar schmoren.

52/e Rostbraten auf Csikós-Art (Csikós rostélyos) Von den unter Rezept 52 genannten Zutaten Knoblauch und Kümmel weglassen und 30% weniger Schmalz, Zwiebeln und Gewürzpaprika nehmen. Ansonsten ist die Zubereitung wie bei Rezept 52. Während das Fleisch schmort, 6 Räucherspeckscheiben bis zur Schwarte an 4—5 Stellen einschneiden, sie in einer separaten Pfanne goldgelb rösten und das ausgelassene Fett über das Fleisch seihen. Ist das Gericht fertig, 20 g Mehl in 0,2 l saurer Sahne glatt verrühren und den Schmorsaft unter Schütteln des Topfes damit binden. Beim Anrichten jede Fleischscheibe mit einer gerösteten Speckscheibe garnieren. Als Beilage Nockerln (Rezept 91) reichen.

52/f Pfannenrostbraten (Serpenyős rostélyos) Weicht von Rezept 52 darin ab, daß dem halbgaren Fleisch 1,5 kg in Längsachtel geschnittene Kartoffeln zugegeben werden und so viel Knochenbrühe oder Wasser dazugegossen wird, daß alles eben bedeckt ist. Zusammen mit Paprikaschoten und Tomaten fertig schmoren.

52/g Rostbraten auf Debrecziner Art (Debreceni rostélyos) Auch dieses Gericht ist nur eine Variante von Rezept 52. Wenn das Fleisch halbgar ist, 200 g abgepellte Debrecziner Wurst etwa 10 Minuten im Saft mitschmoren, dann herausnehmen und in Scheiben schneiden. Dem Fleisch zusammen mit den Paprikaschoten und den Tomaten auch 1,2 kg in Längsachtel geschnittene Kartoffeln zufügen, so viel Knochenbrühe oder Wasser auffüllen, daß alles eben bedeckt ist und weiter schmoren. Inzwischen 100 g Speckwürfel ohne Schwarte in einer separaten Pfanne halb auslassen, die Wurstscheiben darin bei starker Hitze anbraten und schließlich zusammen mit dem Bratfett zu dem schon fast garen Fleisch dazugeben und fertig schmoren.

52/h Kasino-Rostbraten (Kaszinó rostélyos) Während das Fleisch, wie unter Rezept 52 angegeben, schmort, ca. 1 kg Kartoffeln in wenigstens 12 Stücke in der Form von Dominosteinen schneiden und in Salzwasser kochen, außerdem 200 g grüne Erbsen ebenfalls in Salzwasser dünsten. 6 Eier hart kochen und abpellen. Kartoffeln, grüne Erbsen und Eier im Kochwasser warm halten. Beim Anrichten auf jede Fleischscheibe je 2 Kartoffelstücke und zwei Eierhälften setzen, mit den abgegossenen grünen Erbsen und mit gehackter Petersilie bestreuen.

53.
Rostbraten nach Csáky
(Csáky-rostélyos)

Benannt nach dem Küchenchef Sándor Csáky, der die Rezeptsammlung „Die Kochkunst des 20. Jahrhunderts" verfaßte.

1 kg Rostbraten (ohne Knochen (3 oder 6 Scheiben)	*180 g Zwiebeln*
Salz, Pfeffer	*10 g Gewürzpaprika*
	Knochenbrühe
———	*160 g Paprikaschoten*
3 Portionen Letscho (mit 100 g durchwachsenem Räucherspeck)	*80 g Tomaten*
	20 g Mehl
6 Eier, Salz	*0,3 l saure Sahne*
120 g Schmalz	*Petersilie*
———	*Butternockerln*

Die Fleischscheiben waagerecht einschneiden, das Fleisch auseinander klappen und dünn klopfen, salzen und pfeffern, an den Rändern die Haut einschneiden.
Nach Rezept 83 ein Letscho zubereiten, jedoch nur aus der Hälfte der angegebenen Zutaten, mit Ausnahme des Specks, von dem die doppelte Menge erforderlich ist. Die Zwiebeln kleinschneiden, die Paprikaschoten und Tomaten würfeln. Ist das Letscho fertig, die gut verquirlten und gesalzenen Eier dazugießen und im Letscho stocken lassen. Die Fleischscheiben mit dem Eierletscho bestreichen, die Ränder der Fleischscheiben einschlagen und das Fleisch zu länglichen Rouladen zusammenrollen, Mit Zwirn umwickeln. Die Rouladen in Schmalz unter zeitweiligem Wenden 15 Minuten in der Röhre anbraten, dann in einen Schmortopf geben. In dem restlichen Bratfett feingehackte Zwiebeln goldgelb anschwitzen, Gewürzpaprika schnell in der Schwitze verrühren, sogleich mit etwas Knochenbrühe oder Wasser auffüllen und das Ganze über die Rouladen gießen. Letztere zugedeckt bei mäßiger Hitze schmoren und ab und zu etwas Flüssigkeit nachgießen. Ist das Fleisch halbgar, Paprikaschoten und Tomaten dazugeben. Die garen Rouladen aus dem Schmorsaft nehmen, den Zwirnsfaden entfernen und den Schmorsaft mit in saurer Sahne angerührtem Mehl binden. Die Soße aufkochen und durchseihen. Die Rouladen quer aufschneiden und mit Soße und gehackter Petersilie anrichten.
Als Beilage werden größere Butternockerln gereicht. Dazu 120 g Butter mit 3 Eigelb verrühren,

salzen, mit 300 g Grießmehl verarbeiten, das Eiweiß steif schlagen und vorsichtig unterheben. Salzwasser zum Sieden bringen, vom Teig mit einem in Wasser getauchten Löffel Nockerln abstechen und im siedenden Wasser kochen. (Es empfiehlt sich, zuerst ein Nockerl zur Probe zu kochen. Zerfällt es, dem Teig noch Mehl zufügen, wird es zu hart, den Teig durch Wasser oder Butter strecken.)

54.
Rostbraten nach Esterházy
(Esterházy rostélyos)

Benannt nach dem Diplomaten und Politiker Fürst Paul Anton von Esterházy (1786—1866). Er war Mitglied der Ungarischen Akademie der Wissenschaften, Botschafter in London und gehörte der Regierung Batthyány im Jahre 1848 an.

1 kg Rostbraten (ohne Knochen)	*0,1 l Wein*
Salz, 60 g Mehl	*Zitronenschale*
60 g Schmalz	*1 Lorbeerblatt*
———	*20 g Kapern, 30 g Senf*
150 g Möhren	———
100 g Petersilienwurzeln	*20 g Mehl*
50 g Sellerie, 80 g Zwiebeln	*0,3 l saure Sahne*
100 g Schmalz	*Zitronensaft, Zucker*
Salz, Pfeffer	*Petersilie*

Die Fleischscheiben kurz anbraten, wie bei Rezept 52 angegeben. Das Wurzelwerk in dünne Streifen schneiden, die Zwiebeln kleinhacken und in dem Bratfett, dem noch Schmalz, Salz und Pfeffer zugegeben wird, goldgelb rösten. Dann etwas Knochenbrühe (oder Wasser) und Wein auffüllen und aufkochen lassen. Den Saft über das Fleisch seihen, mit Zitronenschale, Lorbeerblatt, kleingehackten Kapern und Senf würzen und es in diesem Saft zugedeckt schmoren. Wenn es beginnt gar zu werden, das Wurzelwerk zufügen und in wenig Saft gar schmoren.
Dann Zitronenschale und Lorbeerblatt herausnehmen. Mehl in saurer Sahne glatt verrühren und den Schmorsaft unter Schütteln des Topfes damit binden. Mit Zitronensaft und etwas Zucker abschmecken und nochmals gut aufkochen. Mit kleingeschnittener Petersilie anrichten. Als Beilage Nockerln (Rezept 91), Spaghetti oder gedünsteten Reis reichen.

55.
Beefsteak nach Feszty

Benannt nach dem ungarischen Maler Árpád Feszty (1856—1914).

Ein gut abgehangenes Lendenstück in Scheiben von mindestens 220 g schneiden. Diese aber nicht klopfen, sondern mit etwas Senf bestreichen, in Öl tauchen und mit Pfeffer bestreuen, dann 3—4 Tage übereinanderliegend im Kühlschrank durchziehen lassen.

Vor dem Braten die Lendenfilets auf beiden Seiten salzen, mit Gewürzpaprika bestreuen und an je vier Stellen quer bis etwa zur Hälfte einschneiden. In jeden Einschnitt eine Scheibe Räucherspeck und ein Zwiebelblatt stecken. Dazu eine große Zwiebel auswählen, jedoch nicht in Scheiben schneiden, da diese auseinanderfallen würden, sondern die Zwiebelblätter ablösen und zum Spicken verwenden. Die gespickten Lendenscheiben mit Zwirn umwickeln, damit Speck und Zwiebeln nicht herausfallen. Das Fleisch auf einem gefetteten Rost kurz anbraten, so daß es innen rosa bleibt. Die heraushängenden Zwiebelblätter dürfen nicht verbrennen! Inzwischen 6 runde Semmelscheiben in Schmalz braten und das Beefsteak darauf anrichten. Im Prinzip kann jede zu Beefsteak passende Beilage dazu gereicht werden (z. B. Backkartoffeln, Kartoffelpüree, gedünstetes Gemüse oder Pariser Garnierung).

56.
Lendenschnitten auf Budapester Art

(Bélszínszelet Budapest módra)

1 kg Lende, Senf, Öl	*80 g Räucherspeck*
Pfeffer	*150 g Pilze*
———	*150 g Gänseleber*
3 Portionen gedünsteter Reis	*150 g Paprikaschoten*
———	*30 g Schmalz*
60 g Schmalz	———
120 g Zwiebeln	*150 g enthülste grüne Erbsen*
10 g Gewürzpaprika	*Salz*
30 g Tomatenmark, Salz	———
300 g Schweins- oder Kalbsknochen	*120 g Schmalz*

Die gut abgehangene Lende in 6 Scheiben schneiden, mit Senf, Öl und Pfeffer beizen und einige Tage im Kühlschrank durchziehen lassen.

3 Portionen Reis dünsten. Inzwischen kleingehackte Zwiebeln in erhitztem Schmalz goldgelb rösten, Gewürzpaprika und Tomatenmark in der Schwitze verrühren, mit ungefähr 0,3 l Wasser auffüllen, salzen und mit den Knochen etwa 1/2 Stunde kochen. Die Knochen herausnehmen und die Brühe passieren.

Speck ohne Schwarte, Pilze, Gänseleber und Paprikaschoten in Würfel schneiden. Den Speck in wenig Schmalz auslassen, die übrigen kleingeschnittenen Zutaten dazugeben und anbräunen. Die durchgeseihte Brühe darübergießen und kochen lassen. Inzwischen die grünen Erbsen in etwas Salzwasser dünsten.

Kurz vor dem Servieren die gesalzenen Lendenschnitten in stark erhitztem Schmalz außen hellbraun anbraten, das Fleisch soll innen fast rosa bleiben. Die gebratenen Lendenscheiben auf dem gedünsteten Reis anrichten, das Pilz-Leber-Ragout darübergeben und obenauf auf jede Lendenschnitte die abgegossenen grünen Erbsen. Als Beilage Backkartoffeln reichen.

57.
Kalbsrouladen mit Schinkenfüllung

(Borjútekercs sonkával)

300 g roher Schinken

———

1 kg Kalbfleisch (ohne Knochen), Salz

———

Für die Béchamelsoße:
50 g Butter, 40 g Mehl
0,3 l Milch, Salz
30 g geriebener Käse
1 Eigelb, Pfeffer, Muskat

———

60 g Mehl
60 g Schmalz

———

60 g Schmalz
150 g Zwiebeln
15 g Gewürzpaprika
30 g Tomatenmark
100 g Paprikaschoten

———

Schinken oder nicht zu fettes Räucherfleisch gar kochen und durchdrehen. Inzwischen das Kalbfleisch in 6 große Scheiben schneiden, diese dünn klopfen, schwach salzen, an den Rändern die Haut einschneiden.

Aus den angegebenen Zutaten eine Béchamelsoße zubereiten. Dazu in zerlassener Butter Mehl anschwitzen — nicht bräunen! —, unter ständigem Rühren mit kalter Milch aufgießen, würzen und bei gleichmäßiger Hitze unter ständigem Rühren leise kochen lassen. Anschließend die Soße durch ein gebrühtes Leintuch seihen und dazu durchgedrehten Schinken, geriebenen Käse, Eigelb, Pfeffer und etwas geriebene Muskatnuß darin verrühren. Die Fleischscheiben mit dieser Masse bestreichen, zusammenrollen und mit Zwirn umbinden.

Die Kalbsrouladen in Mehl wenden und in wenig erhitztem Schmalz auf beiden Seiten kurz anbraten. Dann in einen Schmortopf legen. In dem Bratfett, dem noch Schmalz zugegeben wird, kleingeschnittene Zwiebeln rösten, Gewürzpaprika und Tomatenmark in der Schwitze verrühren und sogleich mit ein wenig Schinkenbrühe löschen. Die Rouladen damit begießen, nach Belieben mit einer Spur Knoblauch würzen und in wenig Saft zugedeckt gar schmoren. Den verkochten Saft dabei ab und zu durch Schinkenbrühe ersetzen, sofern letztere nicht zu salzig ist. Beginnt das Fleisch gar zu werden, die Paprikaschoten dazugeben. Sind die Kalbsrouladen gar, den Zwirn entfernen, die Rouladen auf einer Platte anrichten und mit dem Schmorsaft begießen. Als Beilage Stampfkartoffeln oder Nockerln (Rezept 91) und einen pikanten Salat reichen.

58.
Kalbsmedaillons auf ungarische Art

(Borjúérmék magyarosan)

1 kg Kalbslende, Salz	*50 g Mehl*
———	*120 g Schmalz*
1,5 kg Kartoffeln, Salz	———
———	*250 g Paprikaschoten*
150 g Zwiebeln, 80 g Schmalz	*120 g Tomaten*
15 g Gewürzpaprika, Salz	*Petersilie*
———	

Von dem Fleisch die Haut ablösen und es in kleine Scheiben von je 20—30 g schneiden. Die Medaillons klopfen und salzen.

Kartoffeln mit der Schale kochen, pellen, abkühlen lassen und in Scheiben schneiden.

Kleingeschnittene Zwiebeln in Schmalz goldgelb rösten, Gewürzpaprika in der Schwitze verrühren und sogleich mit etwas Knochenbrühe oder Wasser löschen. Salzen und so lange kochen, bis die Zwiebeln zerkocht sind.

Die Medaillons von beiden Seiten in Mehl wenden, in wenig erhitztem Schmalz bei starker Hitze kurz anbraten und dann in den Zwiebel-Paprika-Saft legen. In Würfel geschnittene Paprikaschoten und Tomaten dazugeben und zugedeckt schmoren. Inzwischen die Kartoffelscheiben in dem zurückgeblicbenen Bratfett unter städigem Schütteln und Wenden bräunen, schließlich die Kartoffeln zu dem garen Fleisch geben, mit gehackter Peterrsilie bestreuen, alles miteinander gut aufkochen und servieren.

59.
Ungarische Zubereitungsarten von Schweinskoteletts

Schweinskoteletts mit Letscho, auf Szegediner oder auf Debrecziner Art werden ebenso zubereitet wie Rostbraten gleichen Namens (Rezepte 52/b, 52/c und 52/g). Sehr beliebt ist aber auch Schweinskotelett auf Székler Art, das analog zu Rezept 46 zubereitet wird.

60.
Jungschweinskotelett auf Tordaer Art
(Tordai lacipecsenye)

1,2 kg Jungschweinskarree mit Schwarte
Salz, 100 g Schmalz

---

4 Portionen gemischter Salat

40 g Mehl, 5 g Gewürzpaprika
1,8 kg Kartoffeln
200 g Schmalz zu den Kartoffel
100 g Schmalz zum Fleisch

Das Fleisch einige Tage im Kühlschrank lassen. Vor der Zubereitung die Schwarte absengen und mit einem scharfen Messer abschaben. Das Karree in 12 Scheiben schneiden, diese klopfen, die Schwarte in Abständen von 1 cm einschneiden und das Fleisch salzen.
Eine (Holz-)Platte am Rand mit 4—6 verschiedenen — nach der Farbe ausgewählten — Salaten (z. B. Rote Rüben, Paprika, Tomaten, Sellerie, Gurken, Kraut, Kopfsalat, Salzgurken, Essiggurken usw.) belegen — ohne Marinade — und kalt stellen.
Die Koteletts unmittelbar vor dem Anrichten in mit Gewürzpaprika vermengtem Mehl wenden und in heißem Schmalz braten. Gleichzeitig die in Stäbchen oder Würfel geschnittenen Kartoffeln in Fett backen. Diese salzen, in der Mitte der Salatplatte anhäufen und die Koteletts darauf anrichten.

61.
Kalbskoteletts auf Pittsburgher Art
(Pittsburghi borjúborda)

Das Gericht wurde von Károly Gundel anläßlich des Banketts zu Ehren des Bürgermeisters der Stadt Pittsburgh in Budapest kreiert und stand von da an ständig auf seiner Speisekarte.

6 Portionen braune (spanische) Soße

---

6 Kalbskoteletts à 180 g oder
12 Kalbskoteletts à 100 g, Salz

---

60 g Mehl, 80 g Butter

---

60 g Schinken, 120 g Pilze
0,1 l Rotwein

Für das Gänseleberpüree:
50 g Zwiebeln
50 g Schmalz
360 g Gänse- oder Entenleber
Salz, Pfeffer und Cayennepfeffer
20 g Mehl
0,1 l Milch, 1 Ei
2 cl Kognak
0,1 l Schlagsahne

Am Vortag eine braune Soße zubereiten oder — sofern die Möglichkeit besteht — fertig kaufen. Die Koteletts in der Mitte einschneiden. Die Öffnung soll nicht breiter als eine dünne Messerklinge sein. Dann die Fleischscheiben salzen.

Kleingeschnittene Zwiebeln in Schmalz goldgelb rösten, Leberwürfel zufügen, mit Salz, Pfeffer und Cayennepfeffer (eventuell mit Pastetengewürz) würzen und die Leber gar schmoren. Dann mit ein wenig Mehl bestäuben, mit Milch gut aufkochen, mit einem Ei abziehen (nun nicht mehr aufkochen!), mit Kognak abschmecken und durch ein Haarsieb passieren. Schließlich ungesüßte Schlagsahne unterziehen. Mit Hilfe eines Spritzbeutels das Püree in die eingeschnittenen Kalbskoteletts füllen und die Öffnungen mit einer Rouladennadel zusammenstecken. Die gefüllten Kalbskoteletts in Mehl wenden und in wenig heißer Butter auf beiden Seiten anbraten. Dann etwa 0,3 l Knochenbrühe auffüllen und das Fleisch zugedeckt gar schmoren. Inzwischen die braune Soße mit kleingehacktem magerem Schinken und kleingehackten Trüffeln (oder anderen Pilzen) anreichern (das ist eine Sauce italienne), mit etwas Rotwein strecken und kochen. Ist das Fleisch gar, die Soße darübergießen, zusammen aufkochen lassen und anrichten. Als Beilage Mais in Sahne (Rezept 89) oder Backkartoffeln reichen.

62.
Kalbskoteletts nach Gundel
(Borjúborda Gundel módra)

Wird genauso zubereitet wie Fogasch nach Gundel (Rezept 28), doch anstelle der Fischfilets 6 — eventuell vom Knochen gelöste — Kalbskoteletts à 150 g nehmen und in die Soße zusätzlich 100 g in dünne Streifen geschnittenen gekochten Schinken geben.

63.
Kalbsschnitzel auf Magyaróvárer Art
(Borjúszelet magyaróvári módra)

Das Gericht wurde zur Brüsseler Weltausstellung 1958, auf der 6 Köche des ehemaligen Restaurants Gundel arbeiteten, von János Rákóczi, dem Gundel-Küchenchef im Hotel Gellért, kreiert.

840 g Kalbsschnitzel

---

250 g Pilze, 50 g Butter
30 g Zwiebeln
Salz, Pfeffer, Petersilie
1 Ei

---

200 g Reis
30 g Fett, Salz

---

150 g enthülste grüne Erbsen
120 g Tomaten, 40 g Butter

Salz, Pfeffer, Petersilie

---

1 kg Kartoffeln

---

50 g Mehl, 100 g Schmalz

---

180 g gekochter Schinken
100 g Käse (halbweich, in der Art des Trappistenkäse)

---

20 g Butter
150 g Schmalz (für die Kartoffeln)

6 Kalbsschnitzel klopfen, an den Rändern die Haut einschneiden und das Fleisch salzen. Nach Rezept 21 eine Pilzmasse zubereiten, jedoch anstelle von Mayonnaise mit einem Ei abziehen. Dieses zunächst verquirlen, dann in dünnem Strahl unter schnellem Rühren mit dem Schneebesen zu den heißen Pilzen geben, deren Saft zuvor eingeschmort wurde. Wird die Masse nicht dick genug, etwas Semmelbrösel zufügen.

Den Reis dünsten und die grünen Erbsen in wenig Salzwasser garen. Inzwischen Tomatenwürfel in Butter, mit Salz, Pfeffer und Petersilie gewürzt, anbraten, mit den abgegossenen grünen Erbsen vermengen und den gedünsteten Reis dazugeben.
Die Kartoffeln in zündholzdünne Streifen schneiden.
Die Schnitzel in Mehl wenden und in erhitztem Schmalz bei starker Hitze anbraten, dann diese mit der Pilzmasse bestreichen, mit je einer Scheibe Schinken und Käse von gleicher Größe belegen und auf dem Rost braten, bis der Käse schmilzt.
Die Schnitzel auf dem Erbsen-Tomaten-Reis anrichten, ringsherum den mit Butter verfeinerten Bratensaft gießen und auf beide Enden der Platte die inzwischen in heißem Fett gebackenen Strohkartoffeln häufen.

64.
Hammelkoteletts auf Udvarhelyer Art
(Üruborda udvarhelyi módra)

500 g Tomaten

---

600 g frische grüne Bohnen
Salz

---

120 g Räucherspeck
40 g Schmalz, 60 g Zwiebeln
Salz, Pfeffer

5 g Gewürzpaprika
etwas Knoblauch

1,2 kg Hammelkotelett
Salz
Pfeffer
80 g Schmalz
Petersilie

Die Tomaten überbrühen, die Schale abziehen und das Fruchtfleisch zerteilen. Die grünen Bohnen in etwa 2 cm große Stücke schneiden und in wenig Salzwasser gar kochen. Speckwürfel ohne Schwarte in etwas Schmalz auslassen, die kleingeschnittenen Zwiebeln dazugeben und goldbraun rösten. Dann die Tomaten hineingeben, würzen und gut dünsten. Schließlich die abgegossenen grünen Bohnen darin verrühren.
12 geklopfte Hammelkoteletts salzen, pfeffern und in erhitztem Schmalz kurz anbraten, so daß das Fleisch innen noch etwas rosa bleibt. Das Tomaten-Bohnen-Gemüse darübergeben und mit gehackter Petersilie bestreuen. Als Beilage Pommes frites reichen.

65.
Saures Ferkelklein
(Savanyú malacaprólék)

1 kg Ferkelfleisch ohne Knochen oder 1,5 kg mit Knochen	*30 g Mehl*
80 g Schmalz	*0,2 l saure Sahne*
60 g Zwiebeln	*20 g Senf, 10 g Zucker*
Salz, Pfeffer, Lorbeerblatt	*5 cl Zitronensaft*
	Zitronenschale

Die Schwarte absengen, die Borsten abschaben und Fleisch ohne Knochen in kleinere Stücke von 20—30 g, Fleisch mit Knochen in größere von 40—50 g schneiden.
Kleingeschnittene Zwiebeln in Schmalz goldgelb rösten, die Fleischstücke hineingeben, würzen und zugedeckt bei mäßiger Hitze schmoren, dabei immer nur wenig Knochenbrühe oder Wasser zugießen, damit das Fleisch in wenig Schmorsaft gart. Ist es fast gar, Mehl mit saurer Sahne verrühren, den Saft binden und mit Senf, Zucker, Zitronensaft und abgeriebener Zitronenschale pikant abschmecken. Es kann auch mit feingewiegten sauren Estragonblättern gewürzt werden.
Als Beilage Salzkartoffeln, Reis oder Semmelklöße reichen.

66.
Lammfleisch mit Estragon
(Tárkonyos bárány)

1,5 kg Milchlamm mit Knochen (Brust, Schulter, Hals, Haxe)	*40 g Mehl*
Salz, Pfeffer	*0,2 l saure Sahne*
80 g Zwiebeln	*5 cl Zitronensaft*
20 g saure Estragonblätter oder 5 g frische Estragonblätter	*Estragonessig*
80 g Butter	*10 g Zucker*
	0,1 l süße Sahne
	1 Eigelb

Die größeren Knochen aus dem Fleisch lösen und eine kräftige Knochenbrühe davon kochen. Das Fleisch wie in Rezept 65 angegeben kleinschneiden und in der abgeseihten Knochenbrühe mit

Salz, Pfeffer und der ganzen Zwiebel kochen. Ist das Fleisch fast gar, die Zwiebel herausnehmen, feingewiegte Estragonblätter zufügen und mit einer Butter-Mehlschwitze in der Art einer Cremesuppe binden. Die saure Sahne einrühren (wenn erforderlich, auch diese noch mit etwas Mehl verrühren), dann mit Zitronensaft, Estragonessig und Zucker abschmecken und nochmals aufkochen. Vor dem Anrichten süße Sahne und Eigelb mit dem Schneebesen gut verrühren, langsam in dünnem Strahl von der Estragonsoße dazugeben und das Ganze unter ständigem Rühren zu dem Fleisch zurückgießen. Nun aber nicht mehr aufkochen! Als Beilage gedünsteten Reis oder Salzkartoffeln mit Petersilie reichen.

67.
Holzplattenfleisch
(Fatányéros)

Ein dem Mixed grill ähnliches Gericht, das unter diesem Namen erstmals um 1900 gereicht wurde. Doch sicher haben schon die Vorfahren der Ungarn Fleisch über Holzkohlenglut gegrillt. Wenn sie in Wäldern rasteten, reichten sie die gegrillten Fleischsteaks vermutlich nicht auf Tellern, sondern auf abgesägten Holzplatten.

In den modernen Küchen finden sich zu diesem Zweck hergestellte, im allgemeinen runde Holzteller mit einer Rille für den Bratensaft, die man auf eine Silberplatte mit Papierdeckchen stellt.

Das Holzplattenfleisch wird ebenso zubereitet und angerichtet wie das Jungschweinskotelett (Rezept 63), nur von anderem Fleisch. Man brät pro Person 100 g Schweinskotelett, 60 g Kalbsfilet, 60 g Lende, 30 g Gänselebermedaillon und 30 g Räucherspeck auf dem Rost. Der Speck wird bis zur Schwarte an 4—5 Stellen eingeschnitten, so daß die gebratene Speckscheibe wie ein Hahnenkamm aussieht, mit dem man das Holzplattenfleisch obenauf garniert. Für Gäste pflegt man auch ein hübsches geöffnetes Klappmesser ins Holzplattenfleisch zu stechen.

IX. Holzplattenfleisch
X. Pute mit Kastanien und Gänseleber

68.
Pute mit Kastanien und Gänseleber
(Gesztenyés, libamájas pulyka)

600 g Edelkastanien	*120 g Schmalz*
0,2 l Rotwein	———
———	*Für das Gänseleberpüree:*
2 Semmeln	*40 g Zwiebeln*
0,15 l süße Sahne	*40 g Schmalz*
———	*250 g Gänse- oder Entenleber*
1 Pute (etwa 3,5 kg)	*Salz, Pfeffer, Cayennepfeffer*
180 g Räucherspeck	*15 g Mehl, 0,15 l Milch*
Salz, Majoran	*1 kleines Ei*
———	*1 cl Kognak*
300 g Kalbfleisch, 2 Eier	*0,1 l Schlagsahne*
Salz, Pfeffer, Muskat	———
Petersilie	*12 Äpfel nach Bayard*
80 g Butter	*(Rezept 93)*

Die Kastanien mit eingeschnittener Schale in der Röhre halbweich rösten, die Schalen entfernen und das Innere in Rotwein gar dünsten, so daß schließlich die Flüssigkeit verkocht. Inzwischen die Semmeln in süßer Sahne weichen.

Von der Pute Hals, Füße und Flügel abtrennen und aus den Keulen die Sehnen herausziehen. Die Keulen und die Brust mit Speck spicken, die Pute salzen und innen mit Majoran bestreuen. Das Kalbfleisch zusammen mit den ausgedrückten Semmeln grob durchdrehen und mit den Eiern, den zerkleinerten Kastanien, Gewürzen, Petersilie und zerlassener Butter gut durcharbeiten. Mit dieser Füllung das Geflügel füllen, die Öffnung zunähen, das Ganze mit Fett begießen und in der Röhre bei mittlerer Hitze unter Zugabe von wenig Wasser und unter zeitweiligem Beträufeln mit Bratfett zuerst gar schmoren, dann knusprig bräunen (insgesamt ungefähr 2 Stunden).

Inzwischen Äpfel nach Bayard (Rezept 93) und Gänseleberpüree (Rezept 61) zubereiten. Ist die Pute gar, mit der Geflügelschere die Brust abschneiden, vorsichtig die beiden Brusthälften abtrennen, mit einem scharfen Messer quer aufschneiden und ohne Brustbein wieder auf die

Füllung zurücksetzen. Mit dem Spritzbeutel das Gänseleberpüree auf die Brustscheiben spritzen, das Ganze in der Röhre erhitzen und servieren. Außer Äpfeln nach Bayard können als Beilage Backkartoffeln, gedünsteter Reis, Dörrpflaumen oder auch Apfelmus gereicht werden.

69.
Gefülltes Huhn auf Siebenbürger Art
(Erdélyi töltött csirke)

2 Semmeln	*Salz, Pfeffer, Petersilie*
0,2 l Milch, 2 Eier	———
———	*2 Eier, 80 g Butter*
180 g Gänseleber	———
180 g Pilze	*Salz, Majoran*
150 g Räucherspeck	*2—2,1 kg Masthuhn*
50 g Zwiebeln	———
50 g Butter	*100 g Schmalz*

Die Semmeln in Milch weichen und die Eier hartkochen. Inzwischen Leber, Pilze und Speck ohne Schwarte kleinwürfeln. Letzteren mit Butter auslassen, kleingehackte Zwiebeln darin goldgelb rösten und die Pilze zufügen. Ist der Pilzsaft verschmort, die Leber hineingeben, würzen, mit den Pilzen zusammen rösten und dann abkühlen lassen.

2 Eier mit Butter verquirlen, die gut ausgedrückten und zerkrümelten Semmeln und die kleingehackten hartgekochten Eier dazugeben und zusammen mit dem Pilz-Leber-Ragout gut durcharbeiten. Das gesalzene und mit etwas Majoran gewürzte Huhn mit dieser Masse füllen, die Öffnung zunähen, das Huhn mit zerlassenem Schmalz begießen und in der Röhre bei mittlerer Hitze braten. Als Beilage können Backkartoffeln, Reis, grüne Bohnen und Kopfsalat gereicht werden.

70.
Gänseklein mit Reis
(Rizses libaaprólék)

3 Gänseklein (ungefähr 2,8 kg)	*Salz, Pfeffer, Majoran*
———	*100 g Pilze*
100 g Möhren	*20 g Gänseschmalz*
80 g Petersilienwurzeln	*Salz, Pfeffer, Petersilie*
60 g Sellerie	———
100 g Paprikaschoten	*360 g Reis*
50 g Tomaten	*40 g Gänseschmalz*
150 g enthülste grüne Erbsen	———
Salz	*300 g Gänseleber*
———	*Salz, Pfeffer*
60 g Gänseschmalz	*30 g Mehl*
30 g Zwiebeln	*20 g Gänseschmalz*

Kopf, Magen, Flügel und Hals sehr sauber waschen und putzen, die Füße brühen, die harte Hornhaut abziehen und die Krallen entfernen. Alle Fleischstücke einmal durchschneiden, das geputzte Wurzelwerk in Stäbchen, die Paprikaschoten und die Tomaten in Würfel schneiden. Die grünen Erbsen in wenig Salzwasser gar dünsten.

Kleingeschnittene Zwiebeln in Gänseschmalz anschwitzen, das Wurzelwerk darin anrösten, und wenn es zu bräunen beginnt, Fleisch und Gewürze dazugeben. Das Fleisch zugedeckt gar schmoren, dabei von Zeit zu Zeit etwas Wasser nachgießen.

Inzwischen die kleinzerschnittenen Pilze in Gänseschmalz mit Salz, Pfeffer und Petersilie unter ständigem Schütteln anrösten und in einem anderen Topf Reis in erhitztem Gänseschmalz anschwitzen. Ist das Fleisch halbgar, den Schmorsaft bis auf das Bratfett einkochen, den Reis und zweimal so viel Wasser oder Knochenbrühe wie das Reisvolumen dazugeben. Dann auch Pilze, Erbsen, Paprikaschoten und Tomaten zufügen, alles miteinander vermengen, aufkochen und in der Röhre zugedeckt bei mittlerer Hitze ungefähr 20 Minuten garen. Inzwischen 6 Gänseleberscheiben salzen, pfeffern, in Mehl wenden und in erhitztem Schmalz braten. Beim Anrichten die Platte mit den gebratenen Gänseleberscheiben garnieren, eventuell den Reis mit dem Bratfett beträufeln. Nach Belieben Käse oder Tomatensoße oder einen pikanten Salat dazu reichen.

71.
Gänsebraten in der Pfanne
(Serpenyős liba)

Wird genauso zubereitet wie Pfannenrostbraten (Rezept 52/f), und zwar von 2 kg Gänsefleisch, wobei das eigene Fett vom Gänsefleisch ausreicht und kein Fett zugesetzt werden muß. Beim Vorbraten wird das Fleisch nicht in Mehl gewendet. Der Gänsebraten kann ausschließlich aus Keulen oder Brust bestehen, aber auch aus anderen Teilen. Sehr fettige Stücke sind abzutrennen und gesondert zu braten.

72.
Reh- oder Hasenfilets nach Kedvessy
(Őz- vagy nyúlszeletek Kedvessy módra)

Benannt nach Nándor Kedvessy (1869—1960), einem hervorragenden Meisterkoch, Hotelier und Gastwirt.

2 kg Reh- oder Hasenrücken mit Knochen	*0,2 l Weißwein*
Salz, Pfeffer	*5 cl Kognak*
	0,2 l süße Sahne
——	*15 g Mehl, 30 g Butter*
12 Pilzhüte	*Zitronensaft, Salz*
12 Semmelscheiben	*150 g Schmalz*
300 g Reis	*Salz, Pfeffer, Petersilie*

Vom einige Tage im Kühlschrank aufbewahrten, abgehangenen Rückenstück einen Tag vor dem Verzehr die Haut abziehen, vom Rückgrat die zwei Filetstücke abtrennen und beim Reh in 12, beim Hasen in 18—24 Scheiben schneiden. Etwas klopfen, salzen und pfeffern. Das Rückgrat gut aufkochen und die Brühe auf etwa 0,1 l einkochen.

Am nächsten Tag zunächst die Pilzhüte waschen und 12, etwa 8 mm dicke Semmelscheiben in der Größe der Filets zurechtschneiden. Den Reis dünsten und die Soße zubereiten. Für letztere Wein und Kognak aufkochen, süße Sahne und den Brüheextrakt dazugeben, mit Mehl verknetete Butter hineinkrümeln, andicken, mit Zitronensaft abschmecken, salzen und unter Rühren mit dem Schneebesen nochmals aufkochen.

In einer Pfanne Schmalz erhitzen und die gesalzenen und gepfefferten Pilzköpfe gut durchbraten. Inzwischen den gedünsteten Reis in eine vorgewärmte Form oder in einen vorgewärmten Suppentopf pressen, auf eine heiße Platte stürzen und mit gehackter Petersilie bestreuen. Die gebratenen Pilzköpfe aus dem Bratfett nehmen und warm stellen. Im Bratfett die Semmelscheiben goldbraun rösten (Croûtons) und rings um den Reis anordnen. Schließlich im restlichen Fett das Fleisch kurz braten, so daß es innen noch rosa ist, und entweder je ein Rehfilet oder je 2—3 Hasenfilets auf die Croûtons legen. Darauf je einen Pilzkopf geben. Das Bratfett (nach Belieben auch nur einen Teil davon) schnell in der Soße verrühren, diese über Pilzköpfe und Fleisch gießen und sofort servieren.

73.
Rebhuhn oder Fasan mit Wirsingkohl
(Kelkáposztás fogoly vagy fácán)

Im Herbst eines der beliebtesten Gerichte in der Gaststätte im Stadtwäldchen von Károly Gundel.

6 Rebhühner	*250 g durchwachsener Speck (geräuchert)*
oder 2 Fasane	*80 g Schmalz*
Salz, Majoran	*250 g geräucherte Würstchen*
80 g Schmalz	———
———	*200 g Möhren*
1,8 kg Wirsingkohl	*200 g Petersilienwurzeln*
Salz, 60 g Zwiebeln	*Pfeffer, 20 g Butter*

Zur Zubereitung eignet sich auch das Fleisch älterer Tiere ausgezeichnet! Das einige Tage mit oder ohne Federn abgehangene Wildgeflügel salzen, mit Majoran würzen und in Schmalz nicht zu weich schmoren. Inzwischen aus dem Wirsingkohl den Strunk herausschneiden, den Kohl in Streifen schneiden und in siedendem Salzwasser mit einer ganzen Zwiebel halbgar kochen. Den Kohl in einem Sieb abtropfen lassen, die Zwiebel entfernen.

Die zubereiteten Rebhühner vierteln bzw. die Fasane entbeinen und die Fasanenbrust in Scheiben schneiden.

6 Speckscheiben in Schmalz braten und aus dem Fett nehmen, darin die abgepellten und der Länge nach durchgeschnittenen Würstchen braten und ebenfalls herausnehmen. Nun das mit

einem Dressingmesser in Scheiben geschnittene Wurzelwerk im Fett goldgelb anbraten, herausnehmen und in etwas Wirsingkohl-Kochwasser gar dünsten. In dem verbliebenen Bratfett den stark gepfefferten Wirsingkohl zugedeckt garen.

Sechs Schüsseln (Timbale) mit Butter fetten, in die Mitte je eine Speckscheibe legen, zu beiden Seiten die Wursthälften mit der Schnittfläche nach unten, ringsherum abwechselnd Petersilien- und Möhrenscheiben anordnen, die Hälfte des Wirsingkohls darübergeben, darauf das Fleisch legen, mit Bratensaft begießen und mit dem restlichen Wirsingkohl bedecken. In der Röhre im Wasserbad fertig kochen. Dann jede Schüssel auf einen heißen Teller stürzen und mit Bratensaft anrichten.

74.
Gefüllter Fasan nach Széchenyi
(Töltött fácán Széchenyi módra)

Benannt nach Graf István Széchenyi (1791—1860), dem bedeutendsten Vertreter der liberalen ungarischen Reformbewegung. Er war Schriftsteller, Staatsmann, Begründer der Ungarischen Akademie der Wissenschaften und wurde von seinen Zeitgenossen als der „größte Ungar“ bezeichnet.

240 g Gänseleber	*240 g Pilze*
Salz, Pastetengewürz	———
5 cl Tokajer Wein	*300 g Reis, 50 g Schmalz*
3 cl Kognak	———
———	*1 kg Edelkastanien*
2 junge Fasane	———
Salz, Majoran	*60 g Butter*
———	*0,2 l süße Sahne*
180 g Räucherspeck	*10 g Zucker, Salz*
100 g Schmalz	*2 Blutorangen*

Am Vortag die Leber in Scheibchen à 20 g schneiden, salzen und mit Pastetengewürz bestreuen, mit Wein und Kognak begießen und im Kühlschrank durchziehen lassen. Am nächsten Tag die Fasane vorbereiten. Dabei darauf achten, daß die Haut unversehrt bleibt. Die Leberscheibchen unter die Haut der Fasanenbrust und der Keulen schieben. Die Leberbeize zurückbehalten. Dann das Geflügel salzen, mit Majoran würzen, die Brust mit Speckscheiben belegen und mit Zwirnsfaden darauf befestigen. Die Fasane in erhitztem Schmalz braten, ab und zu etwas Wasser nachgießen und zwischendurch häufig mit Bratensaft beträufeln. Schließlich auch schwach gesalzene Pilzköpfe mit den Fasanen braten.

Inzwischen den Reis dünsten und die Kastanien kochen. Die Kastanien schälen und passieren. Die Kastanienmasse mit Butter, süßer Sahne, etwas Zucker und einer Prise Salz aufkochen und glatt verrühren. Wenn erforderlich, mit etwas Milch verdünnen.

Von den gebratenen Fasanen den Zwirn entfernen, das Geflügel zerteilen und auf dem gedünsteten Reis anrichten, so daß die mit Speck bedeckten Brustscheiben oben liegen. Ringsherum die Pilze anordnen und den Rand der Platte mit geschälten und halbierten Orangenscheiben garnieren. Bratensaft und Leberbeize zusammen aufkochen und auf den Braten seihen.

Das heiße Kastanienpüree gesondert servieren.

75.
Wildschwein auf Feinschmeckerart
(Vadsertés ínyenc módra)

1,5 kg Wildschwein mit Knochen
Knoblauch, Salz, Pfeffer

---

150 g geräucherte Zunge
Lorbeerblatt, Pfefferkörner

0,5 l braune Soße

---

120 saure Gurken
120 g Pilze
100 g Paprikaschoten
50 g Tomaten, 40 g Butter
Petersilie
0,2 l Rotwein
3 g Gewürzpaprika
Pfeffer
30 g Johannisbeergelee
oder passierte Preiselbeeren
10 g Senf
2 cl Zitronensaft
Thymian
Wacholderbeeren
10 g Mehl

Am Vortag aus der Schwarte gründlich die Borsten entfernen und das Fleisch von den Knochen lösen, dabei Speck und Schwarte belassen. Die Innenseite von Fleisch mit Knoblauch einreiben oder mit feingehacktem Knoblauch bestreichen, schwach salzen und pfeffern, zu einer länglichen Rolle formen und fest mit Zwirn zusammenbinden.

Die geräucherte Zunge mit den Knochen sowie Lorbeerblatt und Pfefferkörnern gar kochen. Auch die braune (spanische) Soße zubereiten.

Am nächsten Tag die Knochen aus der Brühe nehmen, die Zunge enthäuten und das Wildschweinfleisch in der Brühe gar kochen, so daß zum Schluß nur ein Extrakt der Brühe zurückbleibt. Inzwischen Zunge, Gurken und Pilze in gleich große, dünne Streifen schneiden, Paprikaschoten und Tomaten würfeln. Die Pilze in Butter mit Petersilie dünsten.

Ist das Fleisch gar, die braune Soße mit Rotwein und einem Teil der Wildschweinbrühe, den oben angegebenen Gewürzen sowie Pilzen, Gurken, Paprikaschoten und Tomaten etwa 10 Minuten kochen. Eventuell etwas Mehl zum Andicken darüber stäuben.

Das Wildschweinfleisch aufschneiden, mit der Soße übergießen und als Beilage Kartoffelkroketten reichen. Eine pikante Beilage ist auch mit Butter zubereitetes Kartoffelpüree, in dem frisch geriebener, scharfer Meerrettich verrührt wurde.

XI. Gänseklein mit Reis
XII. Letscho

9.

Beilagen, Salate und Soßen

Die auf englische und französische Art zubereiteten Gemüsebeilagen, die Pariser Garnierung, zahlreiche Kartoffelspeisen, Risipisi, verschiedene Beilagen aus Teigwaren, Klöße usw. sind auch in der ungarischen Küche beliebt und finden hier weite Verbreitung. An dieser Stelle sollen jedoch nur die für die ungarische Küche typischen Beilagen angeführt werden.

76.
Sauerkrautgemüse
(Savanyúkáposzta-főzelék)

1,2 kg Sauerkraut
30 g Schmalz
50 g Zwiebeln
5 g Gewürzpaprika
Knoblauch, Kümmel

---

40 g Schmalz, 50 g Mehl
1 Messerspitze Gewürzpaprika

---

100 g Paprikaschoten
50 g Tomaten, 20 g Mehl
0,15 l saure Sahne
Pfeffer, Bohnenkraut, Salz
zarter Dill

Das Sauerkraut nach Rezept 47 vorbereiten.

Kleingeschnittene Zwiebeln in Schmalz goldbraun rösten, Gewürzpaprika schnell dazurühren und sogleich das Sauerkraut hineingeben. Eine Zeitlang dünsten, dann so viel Wasser, Knochenbrühe oder auch nicht zu salzige Brühe von geräuchertem Fleisch auffüllen, daß alles bedeckt ist und zerstoßenen Knoblauch und Kümmel dazufügen. Ist keine Brühe von Geräuchertem vorhanden, einige Schwarten oder Räucherwurst dazugeben, aber darauf achten, daß das Gericht nicht zu salzig wird! Alles zugedeckt gar dünsten.

Inzwischen von Schmalz und Mehl eine hellbraune Mehlschwitze bereiten, Gewürzpaprika darin verrühren, sogleich mit kaltem Wasser löschen, glattrühren und über das Sauerkraut geben.

Dann würflig geschnittene Paprikaschoten und Tomaten hineingeben und, wenn alles gut aufkocht, mit saurer Sahne, in der Mehl verquirlt wurde, binden, unter Rühren nochmals aufkochen und nach Belieben mit einer Prise Pfeffer, Salz, Dill und Bohnenkraut abschmecken. Das Sauerkraut paßt am besten zu Räucherfleisch oder Räucherwurst, die zusammen mit dem Kraut gekocht wurden. Es kann aber auch zu Schweinebraten, Schweinsfilets, Ferkelbraten oder Hackbraten gereicht werden.

77.
Weißkohlgemüse
(Fejeskáposzta-főzelék)

1,5 kg Weißkohl	*40 g Schmalz, 50 g Mehl*
Salz, Kümmel	*40 g Zwiebeln*
Pfeffer, Knoblauch	———
20 g Schmalz	*30 g Mehl*
80 g Räucherspeck	*0,15 l saure Sahne*
———	*Petersilie*

Aus dem Kohlkopf den Strunk entfernen, den Weißkohl in dünne Streifen schneiden und in schwach gesalzener siedender Knochenbrühe oder Wasser mit Kümmel, Pfeffer und zerstoßenem Knoblauch halbgar kochen. Speckwürfel ohne Schwarte auslassen und zusammen mit dem ausgelassenen Fett über den Weißkohl geben. Ist der Weißkohl fast gar, von Schmalz und Mehl mit sehr fein gehackten Zwiebeln eine hellbraune Mehlschwitze bereiten, mit kaltem Wasser ablöschen, glatt verrühren und über das Gemüse geben. Dann Mehl in saurer Sahne glatt verrühren, den Weißkohl damit binden, nochmals gut aufkochen, mit gehackter Petersilie bestreuen und gar dünsten. Der Weißkohl soll nicht zu sehr zerkochen!

Das Weißkohlgemüse kann auch zusammen mit frischem oder geräuchertem Schweinebauch, mit Schweinsrippen oder Kamm gekocht werden. Als Beilage eignet es sich zu jeder Art von Pörkölt sowie Lamm- oder Hammelfleisch.

78.
Gedünstetes Kraut
(Párolt káposzta)

Diese Gemüsebeilage ist fast nur von Weiß- oder Rotkohl bekannt, läßt sich aber auch von Sauerkraut zubereiten.

1,8 kg Weißkohl oder Rotkohl	*60 g Zwiebeln*
bzw. beides halb und halb	*Kümmel*
Salz, 100 g Schmalz	*2 cl Essig*
40 g Zucker	*0,1 l Wein oder Sekt*

Aus dem Kohlkopf den Strunk ausschneiden, das Kraut hobeln, salzen und nach ungefähr 1/2 Stunde den Saft gut ausdrücken. In erhitztem Schmalz Zucker hellbraun rösten, feingehackte Zwiebeln und Kümmel zufügen, noch etwas anbräunen und dann das Kraut dazugeben. Mit etwas Essig säuern und unter Rühren so lange dünsten, bis der Saft verkocht ist. Dann zugedeckt dünsten. Dabei immer nur wenig Wasser nachgießen, zum Schluß eventuell Wein oder Sekt. Das Kraut soll nicht zu weich, eher etwas fest sein.

Gedünstetes Kraut wird zu Gänse-, Enten-, Spanferkel- und Schweinebraten sowie zu frischer Blut-, Leberwurst oder Bratwurst gereicht.

Eine Variante des Sauerkrautes (aus 1,40 kg) wird ähnlich, aber ohne Salz und Essig, jedoch mit 250 g in Streifen geschnittenem Paprika zubereitet. Als Salat kann das Kraut zu Schnitzel oder anderem kurz Gebratenem gereicht werden.

79.
Kürbisgemüse
(Tökfőzelék)

2,5 kg Kürbis (im Ganzen) oder	*40 g Zwiebeln*
1,5 kg gehobelter Kürbis	*20 g Mehl*
Salz	*0,2 l saure Sahne*
2 cl Essig oder Zitronensaft	*15 g Zucker*
1 Bund zarter Dill	*20 g Schmalz*
40 g Schmalz, 60 g Mehl	*1 Messerspitze Gewürzpaprika*

Den gehobelten Kürbis salzen, nach ungefähr 20 Minuten den Saft ausdrücken und den Kürbis mit Essig beträufeln. Inzwischen den Dill ohne die dickeren Stiele sehr fein wiegen. Von Mehl und Schmalz eine helle Mehlschwitze bereiten, feingehackte Zwiebel dazugeben und noch 1 Minute in der Schwitze rösten, dann mit einem Drittel des gewiegten Dills vermengen, vorsichtig den

Kürbis zufügen, weiter anschwitzen, schließlich mit wenig Wasser oder Knochenbrühe auffüllen, glatt verrühren und gut aufkochen. Mit saurer Sahne, in der Mehl angerührt wurde, binden, mit Zucker und Essig abschmecken. Inzwischen ein weiteres Drittel des feingewiegten Dills in Schmalz wenden und dem Kürbisgemüse zufügen. Unter Schütteln des Topfes das Gemüse garen, jedoch nicht zu weich dünsten. Vor dem Servieren mit dem restlichen Dill bestreuen und nach Belieben mit Gewürzpaprika würzen bzw. färben.

Kürbisgemüse wird meistens zu Braten, Filets oder Hackbraten gereicht, schmeckt aber auch zu Pörkölt sehr gut.

80.
Grüne-Bohnen-Gemüse
(Zöldbabfőzelék)

1,4 kg grüne Bohnen (Wachsbohnen)	*20 g Zwiebeln*
Salz, Knoblauch	*Petersilie*
30 g Schmalz, 30 g Zwiebeln	*3 g Gewürzpaprika*
1 Messerspitze Gewürzpaprika	———
———	*20 g Mehl*
40 g Schmalz	*0,2 l saure Sahne*
50 g Mehl	*2 cl Essig oder Zitronensaft*
	15 g Zucker

Von den Bohnen Stiel und Spitze abschneiden, dabei die Fäden abziehen. Nach dem Waschen die Bohnen in etwa 2 cm große Stücke schneiden und in siedendem Salzwasser oder Knochenbrühe mit zerstoßenem Knoblauch kochen. Feingehackte Zwiebeln in Schmalz anschwitzen, Gewürzpaprika schnell in der Schwitze verrühren und diese über die grünen Bohnen geben. Werden die Bohnen weich, von Schmalz und Mehl eine helle Mehlschwitze bereiten, feingehackte Zwiebeln darin noch 1 Minute anbräunen, gehackte Petersilie und Gewürzpaprika in die Schwitze geben, mit kaltem Wasser ablöschen und die grünen Bohnen damit andicken.

Gut aufkochen, in saurer Sahne verrührtes Mehl einrühren, mit Essig oder Zitronensaft und Zucker pikant abschmecken und fertig dünsten.

Das Grüne-Bohnen-Gemüse kann zu Braten, Filets, Hackbraten und Pörkölt gereicht werden.

81.
Bohnengemüse
(auch passiert)
(Szemesbab-főzelék)

1 kg Räucherfleisch	*50 g Zwiebeln*
600 g Bohnen	*3 g Gewürzpaprika*
oder 800 g enthülste Bohnen	*0,15 l saure Sahne*
Lorbeerblatt, Knoblauch	*2 cl Essig*
30 g Schmalz, 60 g Mehl	*10 g Zucker*

Gemüsegerichte von weißen oder farbigen Bohnen können geschmacklich durch mitgekochtes Räucherfleisch (Schweinebauch, Eisbein, Kaßlerkamm, Rinderbrust, Gänsekeule) ungemein verbessert werden. Deshalb geben wir hier ein Rezept mit Räucherfleisch an.

Am Vortag ein Stück Räucherfleisch butterweich kochen und in der Brühe abkühlen lassen. Gleichzeitig die gut gewaschenen Bohnen in etwas Wasser weichen.

Am nächsten Tag zuerst mit der Gabel das Fett von der Fleischbrühe abnehmen. Dann die Bohnen mit Lorbeerblatt, zerstoßenem Knoblauch, dem Bohnenwasser und so viel Brühe, daß alles gut bedeckt ist, zum Kochen aufsetzen. Die übriggebliebene Brühe kann noch für ein anderes Gericht verwendet werden. Die Bohnen zugedeckt kochen, bis sie fast gar sind. Von Mehl und dem abgeschöpften Fett der Brühe, das eventuell noch durch Schmalz ergänzt werden kann, eine helle Mehlschwitze bereiten, feingehackte Zwiebeln in der Schwitze noch 1 Minute bräunen, dann schnell Gewürzpaprika darin verrühren, mit kaltem Wasser ablöschen, glatt verrühren und die Bohnen mit der Mehlschwitze binden. Saure Sahne zufügen und mit (Estragon)-Essig und Zucker pikant abschmecken.

Das Bohnengemüse paßt außer zu mitgekochtem Räucherfleisch auch zu Wurst und zu Braten.

Das nach obigem Rezept zubereitete Bohnengemüse kann auch passiert werden. Bohnenpüree mit ländlicher Geschmacksnote wird auch ohne Mehlschwitze und saure Sahne wie folgt zubereitet: Den in der Brühe mit Lorbeerblatt und Knoblauch aufgesetzten weißen Bohnen gleich zu Anfang 200 g Zwiebeln, die in dem von der Brühe abgeschöpften Fett (eventuell ergänzt durch ausgelassenes Speckfett) goldbraun geröstet wurden, zufügen. Sind die Bohnen gar, abgießen und passieren. Zum Schluß etwas von der abgegossenen Brühe zum Püree zurückgeben und nachwürzen. Essig und Zucker sind nicht notwendig.

82.
Grüne-Erbsen-Gemüse mit Dill
(Kapros zöldborsófőzelék)

1 Bund zarter Dill
30 g Schmalz oder Butter
3 kg grüne Erbsen oder
1,2 kg enthülste grüne Erbsen
Salz

30 g Schmalz oder Butter
50 g Mehl
Petersilie
0,15 l Milch
40 g Zucker
2 g Gewürzpaprika

Die Hälfte des feingewiegten Dills in Fett wenden, die enthülsten grünen Erbsen dazugeben, 1—2 Minuten zusammen abschwitzen, salzen, etwas Wasser oder Knochenbrühe auffüllen und zugedeckt dünsten. Sind die Erbsen halbgar, von Schmalz bzw. Butter und Mehl eine helle Mehlschwitze bereiten, den restlichen Dill und kleingehackte Petersilie schnell darin verrühren, mit kalter Milch ablöschen, glatt verrühren und die Erbsen damit andicken. Mit Zucker und 1 Prise Gewürzpaprika abschmecken und nochmals aufkochen.

Diese Gemüsebeilage paßt besonders gut zu Kalbfleisch- oder Geflügelgerichten.

83.
Letscho
(Lecsó)

1,4 kg Paprikaschoten
600 g Tomaten
150 g Zwiebeln, 80 g Schmalz

50 g Räucherspeck
5 g Gewürzpaprika
Salz

Aus den fleischigen Paprikaschoten den Samenstand entfernen, die Früchte in längliche Streifen schneiden. Sind die Paprikaschoten scharf, auch die Adern ausschneiden. Die Schärfe kann außerdem durch Überbrühen gemildert werden. Die Tomaten ein paar Sekunden in heißes Wasser tauchen, die Schale abziehen und die Früchte vierteln (größere in Achtel schneiden). Die Zwiebeln der Länge nach halbieren und quer zu den Blättern in halbe Scheiben schneiden. Für das Letscho einen größeren Topf nehmen, damit die Zutaten nicht so sehr übereinander liegen. Speckwürfel ohne Schwarte in Schmalz auslassen, die Zwiebeln dazugeben und goldbraun rösten. Dann schnell Gewürzpaprika darin verrühren und sogleich Paprikaschoten und Tomaten zufügen. Salzen und zunächst ohne Deckel bei starker Hitze, später, wenn ein Teil des Saftes schon verkocht ist, zugedeckt bei mäßiger Hitze dünsten. (Die angegebenen Zutatenmengen entsprechen etwa 1 kg Konservenletscho.)

Das so zubereitete Letscho eignet sich als würzige Speisezugabe oder als Beilage. Soll Letscho als selbständiges Gericht gereicht werden, Würstchen oder Wurst, ganz oder in Scheiben mitkochen. Es können auch unmittelbar vor dem Verzehr verquirlte Eier dazugerührt werden (pro Person 1 Ei), und einige streuen sogar gleich zu Anfang des Kochprozesses Reis mit ein, der dann zusammen mit dem Letscho dünstet und dieses gehaltvoller macht.

84.
Paprikakartoffeln in der Pfanne
(Serpenyős paprikás burgonya)

2 kg Kartoffeln	*Salz*
120 g Schmalz	*Knoblauch, Kümmel*
180 g Zwiebeln	*160 g Paprikaschoten*
15 g Gewürzpaprika	*80 g Tomaten*

Eine Kartoffelsorte wählen, die beim Kochen nicht zerfällt! Die Kartoffeln schälen und in längliche Stücke schneiden. Kleingeschnittene Zwiebel in Schmalz goldgelb rösten, Gewürzpaprika schnell darin verrühren, sogleich die Kartoffeln dazugeben und salzen. Einige Minuten alles zusammen rösten, dann so viel Wasser auffüllen, daß die Kartoffeln beinahe bedeckt sind. Mit Knoblauch und Kümmel würzen und zugedeckt bei mäßiger Hitze dünsten. Nach ungefähr 8 Minuten die in Würfel geschnittenen Paprikaschoten und Tomaten zufügen und — soll es ein selbständiges Gericht werden — auch Wurst oder Würstchen und zusammen gar dünsten. Die einen mögen die Paprikakartoffeln mit wenig Saft, andere wieder lieben sie suppiger. Dementsprechend wird beim Dünsten Wasser (oder Wein?) zugefügt.

85.
Kartoffeln nach Alfölder Art
(Alföldi burgonya)

150 g Möhren
120 g Petersilienwurzel
60 g Sellerie
1,5 kg Kartoffeln
60 g Tomaten
140 g grüne Paprikaschoten

80 g Zwiebeln
40 g Schmalz, Salz
10 g Gewürzpaprika

Salz, 60 g Schmalz
Petersilie

Das Wurzelwerk und die Kartoffeln in kleinere, die Tomaten in größere Würfel und die Paprikaschoten, von denen zuvor der Samenstand entfernt wurde, in Ringe schneiden.
Kleingeschnittene Zwiebeln in Schmalz hellgelb rösten, salzen und zusammen mit dem Wurzelwerk unter Rühren weiter anschwitzen, bis das Wurzelwerk zu bräunen beginnt. Mit Gewürzpaprika bestreuen und sogleich Tomaten und Paprikaschoten dazugeben. Mit wenig Wasser oder Knochenbrühe zugedeckt gar dünsten, so daß der Saft schließlich verkocht. Inzwischen in wenig Salzwasser die Kartoffeln kochen, abgießen und die gekochten Salzkartoffeln in der Pfanne in erhitztem Schmalz wenden, das Gemüse dazugeben, mit gehackter Petersilie bestreuen und vorsichtig alles miteinander vermengen.
Die Kartoffeln nach Alfölder Art können zu jedem nicht mit Gemüse zubereitetem Fleisch als Beilage serviert werden.

86.
Reis nach Batthyány
(Batthyány-rizs)

Benannt nach Graf Lajos Batthyány (1806—1849), dem Ministerpräsidenten der ersten unabhängigen ungarischen Regierung von 1848, der nach der Niederschlagung des ungarischen Freiheitskampfes hingerichtet wurde.
Der Reis weicht vom üblichen gedünsteten Reis insofern ab, als er nicht in Wasser, sondern in einer dunklen Kraftbrühe gedünstet wird. Er erhält eine bräunliche Farbe und einen angenehmen, besonderen Geschmack.

87.
Spargel auf ungarische Art
(Spárga magyarosan)

2 kg Spargel, Salz	*1 Eigelb*
10 g Zucker	*6 g Gewürzpaprika*
———	*Salz, 10 g Zucker*
50 g Semmelbrösel	———
20 g Butter	*40 g Butter*
0,4 l saure Sahne	*80 g Käse, Petersilie*

Den vorbereiteten Spargel in 2—3 cm lange Stücke schneiden (eventuell auch nur die Spargelspitzen verwenden), in Salzwasser, dem etwas Zucker zugegeben wurde, kochen und gut abtropfen lassen. Inzwischen die Semmelbrösel in Butter rösten, mit der sauren Sahne verrühren, das Eigelb dazugeben, mit Gewürzpaprika, Salz und Zucker würzen und glatt verrühren. Eine feuerfeste Jenaer Form mit Butter fetten, die Hälfte des Spargels hineingeben, ein Drittel der sauren Sahne darübergießen, darauf den restlichen Spargel legen und mit der restlichen sauren Sahne bedecken. Mit geriebenem Käse bestreuen und den Spargel in der Röhre gratinieren. Mit Petersilie anrichten. Das Gericht kann als Vorspeise oder als Beilage zu Geflügel oder Kalbfleisch gereicht werden.

88.
Linsenpüree mit Geflügelleber
(Lencsepüré szárnyasmájjal)

500 g Linsen	*40 g Zwiebeln, 30 g Schmalz*
250 g Gänse-, Enten- oder Hühnerleber	———
	40 g Schmalz, 40 g Mehl
5 cl Rotwein	*1 g Gewürzpaprika*
3 cl Kognak	*15 g Senf, 15 g Zucker*
Pfeffer, Pastetengewürz	*2 cl Essig oder Zitronensaft*
Salz, Lorbeerblatt	*10 g Mehl*
Knoblauch, Bohnenkraut	*0,1 l saure Sahne*
———	*etwa 0,1 l süße Sahne*

Am Vortag die verlesenen und gewaschenen Linsen einweichen und die in kleine Würfel geschnittene Geflügelleber in einer Beize von Rotwein, Kognak, Pfeffer und Pastetengewürz in den Kühlschrank stellen.

Am nächsten Tag die Linsen in dem Weichwasser mit Salz, Lorbeerblatt, einer Spur Knoblauch und einer Prise Bohnenkraut kochen. Sind die Linsen gar, soll das Wasser so weit verkocht sein, daß sie nicht mehr bedeckt sind. Während des Kochens kann auch Schinkenbrühe nachgegossen werden, doch muß der Eigengeschmack der Linsen dominieren.

Inzwischen feingehackte Zwiebeln in Schmalz goldgelb rösten und in der Zwiebelschwitze die gewürzte Leber garen. In einem anderen kleinen Topf Mehl in Schmalz hellbraun anrösten, dann mit Zucker dunkelbraun werden lassen, 1 Messerspitze Gewürzpaprika schnell darin verrühren, sogleich mit kaltem Wasser ablöschen, glatt verquirlen und die Linsen damit binden. Mit Senf, Zucker, Essig oder Zitronensaft abschmecken und schließlich saure Sahne, in der ein wenig Mehl angerührt wurde, dazugeben.

Zuerst die Leber, danach die Linsen durch dasselbe Sieb treiben. Unter Rühren mit dem Schneebesen gut aufkochen, nachwürzen und die gewünschte Sämigkeit durch Zugabe von süßer Sahne herstellen. Das Linsenpüree paßt besonders gut zu Wildgeflügel.

Ein Püree nach obiger Art kann auch ohne Leber von 600 g Linsen mit einer Zwiebelmehlschwitze zubereitet werden. Dieses Linsenpüree wird zu mitgekochtem geräuchertem Fleisch, Wurst oder Schweinebraten gereicht, schmeckt aber auch zu Rindspörkölt ganz ausgezeichnet.

89.
Mais in Sahne
(Tejszínes kukorica)

etwa 1,2 kg Maiskolben	*60 g Butter*
oder 600 g Maiskörner	*18 g Mehl*
Salz, 15 g Zucker	*5 cl Weißwein*
0,15 l Milch	———
0,2 l süße Sahne, 60 g Butter	*2 Eigelb*
———	*0,1 l süße Sahne*

Nur zarten, milchigen Delikateßmais verwenden! Von den Maiskolben die äußeren Blätter ablösen und Blätter sowie Kolben gründlich waschen. Einen Topf mit einem Teil der Blätter auslegen und die Maiskolben darin in so viel Salzwasser, dem etwas Zucker beigegeben wurde, ansetzen, daß sie bedeckt sind. Den Mais kochen, dann mit einem scharfen Messer die Körner von der Spindel abtrennen, darauf achten, daß die Körner ganz bleiben. Die Maiskörner in Milch, süßer Sahne Butter und Wein aufkochen. Die übrige Butter inzwischen kalt mit dem Mehl verkneten, und wenn der Mais kocht, unter Rühren recht klein hineinkrümeln. Dann den Mais auf etwa 80 °C abkühlen lassen und unter schnellem Rühren mit dem Schneebesen in dünnem Strahl das in süßer Sahne verquirlte Eigelb dazugeben.

Mais in Sahne paßt am besten zu Brathuhn oder Kalbskoteletts (Rezept 59).

Wird Konservenmais verwandt, darauf achten, daß er nicht säuerlich schmeckt.

90.
Eiergraupen
(Tarhonya)

Wie schon in der Einleitung gesagt, gehören die Eiergraupen zu den althergebrachten getrockneten Teigwaren des ungarischen Volkes. Da sie heute auch in Ungarn zu Hause nur noch recht selten hergestellt werden, ist unser Rezept nur für jene gedacht, die die Möglichkeit haben, sich industriell oder häuslich hergestellte Eiergraupen in Ungarn zu besorgen oder aber diese als ungarischen Export auch im eigenen Land kaufen können.

400 g Eiergraupen — *100 g Schmalz, Salz*
50 g Tomaten — *50 g Zwiebeln*
100 g Paprikaschoten — *5 g Gewürzpaprika*

Zunächst messen wir das Volumen der oben angegebenen Menge Eiergraupen. Handelt es sich um Eierteig, ist zweimal so viel Wasser zum Kochen zu bringen, wurde der Eiergraupenteig ohne Eier zubereitet, nur anderthalbmal so viel Wasser nehmen.

In einem anderen Topf die Tomaten überbrühen und schälen. Von den Paprikaschoten den Samenstand entfernen und die Früchte zusammen mit den Tomaten in Würfel schneiden.

In einem größeren Topf die Eiergraupen in erhitztem Schmalz bei mäßiger Hitze unter Rühren hellbraun anrösten und salzen. Feingeschnittene Zwiebeln darin noch weitere 1—2 Minuten rösten, dann Gewürzpaprika schnell einrühren und sogleich die oben angegebene Menge siedendes Wasser aufgießen. Paprika- und Tomatenwürfel dazugeben, aufkochen lassen und dann zugedeckt in der Röhre bei mittlerer Hitze und ohne Rühren ungefähr 20 Minuten garen. Dann die Eiergraupen mit einer Vorlegegabel vorsichtig auflockern und nachwürzen, wenn erforderlich, noch etwas Wasser nachgießen und weiter dünsten. Die Eiergraupen sollen weich sein, aber nicht zusammenkleben. Eiergraupen sind eine beliebte Beilage zu Pörkölt, Paprikasch und Tokány.

91.
Nockerln
(Galuska)

500 g Mehl — *Salz*
2 kleine oder 1 großes Ei — *80 g Schmalz*

Griffiges Mehl mit einem hohen Klebergehalt verwenden! Das Mehl in eine tiefe Rührschüssel sieben. In die Mitte eine Vertiefung drücken, in diese das Ei schlagen, salzen, nach und nach etwas Wasser zugeben und mit dem Holzlöffel zu einem nicht zu festen und nicht zu weichen Nudelteig verarbeiten. Den Teig nur so lange rasten lassen, bis in einem Topf 3 l Salzwasser aufkochen. Inzwischen in einer größeren Pfanne Schmalz erhitzen.

Den Teig entweder mit dem Nockerlnstecher oder mit einem in Wasser getauchten Messer vom nassen Brett zunächst in Streifen und dann in kleine Stücke schneiden und in siedendem Salzwasser kochen. In Ungarn ist man sich oft sogar innerhalb der Familie nicht einig, ob kleinere, mittelgroße oder große Nockerln besser schmecken. Die Extreme sind 20x6 mm bzw. 35x18 mm.

Die Nockerlnmenge in 3—4 Portionen kochen, jeweils so lange, bis die Nockerln an die Wasseroberfläche kommen. Dann mit einem Schaumlöffel herausheben, in einen Durchschlag geben, mit reichlich kaltem Wasser abspülen, gut abtropfen lassen und im erhitzten Fett mehrmals wenden.

Nockerln sind eine nahezu unentbehrliche Beilage zu Paprikasch, Pörkölt und einzelnen Tokánygerichten.

92.
Quarkklöße mit Dill
(Kapros túrós gombóc)

Diese Quarkklöße werden genauso zubereitet wie die als Nachspeise angegebenen Quarkklöße (Rezept 104), nur ohne Butterbrösel und ohne saure Sahne, eventuell kann die Menge der Zutaten reduziert werden. Dem Quarkteig aber 1/2 Bund zarten feingewiegten Dill und Pfeffer zugeben. Vor dem Anrichten den übrigen Dill in 20—30 g Butter anschwitzen und über die abgetropften Klöße geben. Quarkklöße mit Dill werden als Beilage zu Paprikasch und anderen Gerichten mit saurer Sahne, z. B. Paprikahuhn, gereicht.

93.
Äpfel nach Bayard
(Alma Bayard módra)

Ungefähr 1/2 l Zuckerwasser mit Zimt, Gewürznelken, Zitronenschale (ohne das weiße Innere der Schale) und etwa 5 cl Zitronensaft aufkochen. Inzwischen mit dem Buntmesser 12 mittelgroße Äpfel (z. B. Jonathan) schälen. Die Äpfel sollten kein mehliges Fruchtfleisch haben. Die geschälten Äpfel in der Mitte zylindrisch aushöhlen, dabei die Öffnung unten geschlossen lassen. Es sollen beim Aushöhlen nicht nur Stiel und Kerngehäuse entfernt werden, es muß auch für die Füllung genügend Platz sein. Jeden so vorbereiteten Apfel möglichst schnell in das siedende Zuckerwasser geben, damit er nicht an der Luft braun wird. Die Äpfel so lange kochen wie ein nicht zu weiches Apfelkompott, dann mit der Schaumkelle aus dem Wasser heben.

Während die Äpfel abkühlen, hauchdünn geschnittenes Orangeat mit Preiselbeer- oder Johannisbeergelee vermengen. Die Äpfel mit einer Prise Zimt bestreuen, mit dem Gelee füllen und gut kühlen.

Sie können mit frisch geriebenem Meerrettich serviert werden, lassen sich aber auch mit Blutorangenscheiben anrichten, wobei man die Äpfel auf eine größere Orangenscheibe setzt und mit einer kleineren garniert. Die Äpfel nach Bayard sind eine schmackhafte Beilage zu warmen und kalten Wildgerichten und zu Geflügel.

94.
Paprikasalat
(Zöldpaprika-saláta)

Von 900 g fleischigen Paprikaschoten Stiel und Samenstand—wenn sie scharf sind, auch die Adern —entfernen, das Fruchtfleisch in dünne Ringe schneiden, walnußgroße, sehr feingehackte Zwiebeln darüberstreuen, salzen und 1/2 Stunde durchziehen lassen, zwischendurch mehrmals umrühren. Dann in 0,2 l siedendem Wasser zugedeckt 1—2 Minuten kochen und sogleich abgießen. Ist der Kochsaft scharf und soll Schärfe vermieden werden, das Wasser weggießen, andernfalls damit das Dressing zubereiten: Essig oder Zitronensaft, etwas Zucker, Öl und vielleicht eine Prise Salz zufügen, pikant abschmecken, über die Paprikaringe gießen und den Salat 2—3 Stunden in den Kühlschrank stellen. Vor dem Anrichten mit Petersilie bestreuen und mit ein paar Tomatenscheiben garnieren. Nach Belieben auch mit Pfeffer würzen.

95.
Gebratener Paprika mit Senf
(Mustáros sült paprika)

Von 12 fleischigen Paprikaschoten den Stiel abschneiden. Dabei dürfen Paprikafrucht und Samenstand nicht beschädigt werden, damit beim Braten kein Öl in die Schote eindringt. Auf die Weise läßt sich natürlich die Schärfe der Paprikaschoten nicht prüfen, deshalb empfiehlt es sich, nur solche Paprikaschoten zu kaufen, die garantiert nicht scharf sind.

Immer 2—3 trockengeriebene Paprikaschoten schwimmend in Öl braten, ab und zu wenden. Wenn die Paprikaschoten Blasen bekommen und zu bräunen beginnen, aus dem Fett heben, die durchsichtige Schale noch warm abziehen und inzwischen weitere Paprikafrüchte im Öl braten. In eine Rührschüssel so viel Teelöffel Senf geben, wie Paprikaschoten gebraten werden. Mit Zitronensaft, Pfeffer, etwas Puderzucker und Estragonblättern abschmecken und langsam – wie bei der Mayonnaise-Zubereitung – von dem erkalteten Öl, in dem die Paprikaschoten gebraten wurden, so viel unter ständigem schnellen Rühren mit dem Schneebesen zugeben, bis eine Emulsion entsteht. Mehrmals kosten und sehr pikant abschmecken. Die Salatsoße, in der die geschälten Paprikaschoten einzeln gewendet werden, soll nicht zu scharf sein. Die restliche Soße über die Paprikaschoten gießen und diese 1—2 Stunden in den Kühlschrank stellen.

Restliches, nach Paprika schmeckendes Bratöl kann für andere Salate verwendet werden. Der gebratene Paprika mit Senf eignet sich besonders gut zu gegrilltem Fleisch. Wenn er noch dazu etwas scharf ist, wird er bei den Herren bestimmt große Zustimmung finden.

96.
Salzgurken
(Kovászos uborka)

Es sind 1,8 kg mittelgroße, dicke Gurken erforderlich. Die Gurken an den beiden Enden abschneiden und prüfen, ob sie nicht bitter schmecken. Sie dann waschen, in der Mitte längs einschneiden und mit der Messerspitze an mehreren Stellen einstechen. Ein 5 l-Einlegeglas sauber auswaschen. In einem völlig fettfreien Topf ungefähr 2 l Salzwasser zum Sieden bringen. Etwa 150 g Brotscheiben (Hefeteig) schwach toasten, davon 1—2 Scheiben auf den Boden des Einlegeglases legen, zarten Dill, 1—2 Lorbeerblätter, Pfefferkörner, 1 zerstoßene Knoblauchzehe und schließlich die Gurken darüberschichten und obenauf wieder mit Brotscheiben und Dill bedecken. Alles mit lauwarmem Salzwasser begießen, so daß die Gurken bedeckt sind, und das Glas mit einem Sieb oder mit Gaze verschließen. An einem leicht sonnigen Ort, bei gleichmäßiger Temperatur 5—6 Tage gären lassen. Die Gärung ist abgeschlossen, wenn die Gurken eine gelblichgrüne Farbe haben und innen glasig, aber nicht zu weich sind. Sie sollen beim Hineinbeißen noch knacken. Nun die Gurken herausnehmen, abwaschen, das milchige Aufgußwasser durch ein Sieb über die Gurken gießen und diese im Kühlschrank aufbewahren. Sie sind innerhalb von 4—5 Tagen zu verzehren.

Mit Eiswürfeln, eventuell geschält, mit einem Stiel Dill, jedoch immer eiskalt im eigenen Saft servieren. Der Einlegesaft ist an heißen Sommertagen ein ausgezeichnetes Erfrischungsgetränk! Die eingelegten Gurken werden vor allem zu Bratenfleisch und Pörköltgerichten gereicht.

97.
Kopfsalat mit Speck
(Forrázott saláta)

4—6 Salatköpfe	*Salz*
120 g Räucherspeck	*15 g Zucker*
etwa 5 cl Essig oder Zitronensaft	*0,2 l saure Sahne*

Den in Streifen geschnittenen Kopfsalat gründlich waschen. Speckwürfel ohne Schwarte glasig auslassen, das Fett abseihen, die Grieben warm halten. Dem Fett Essig, ungefähr 0,2 l Wasser, Salz und Zucker (eventuell auch 1 Prise zerstoßenen Knoblauch) zufügen, alles gut aufkochen, vom Feuer nehmen und den Kopfsalat darin wenden. Den Salat in eine Schüssel geben, das Dressing darübergießen, mit Speckgrieben bestreuen und nach Belieben mit saurer Sahne beträufeln.

98.
Gellért-Salat
(Gellért-saláta)

Eine Spezialität des von Károly Gundel gepachteten Restaurants im Budapester Hotel Gellért.

1,2 kg rote Rüben
Salz, Kümmel
ungefähr 5 cl Essig
20 g Zucker
40 g Meerrettich
Mayonnaise (vom Eigelb zweier kleiner Eier und 0,35 l Öl — Rezept 16)
3 cl Zitronensaft
50 g französischer Senf
Cayennepfeffer
Kopfsalat, Petersilie

Am Vortag die gewaschenen roten Rüben in reichlich Salzwasser garen, schälen und mit einem Buntmesser in Scheiben schneiden. Einen halben Liter Salatsoße, gewürzt mit Salz, Kümmel, Essig, einer Prise Zucker und Meerrettichstücken, zubereiten und die roten Rüben darin im Kühlschrank durchziehen lassen. Am nächsten Tag die roten Rüben abgießen, in nicht zu dünne Streifen schneiden und in einem Sieb gut abtropfen lassen. Inzwischen eine steife Mayonnaise zubereiten, mit Zitronensaft, Senf und Cayennepfeffer abschmecken und die roten Rüben unmittelbar vor dem Anrichten darin wenden. Eine Salatschüssel mit Kopfsalatblättern auslegen, darauf die roten Rüben mit der Mayonnaise anrichten, mit Petersilie bestreuen und eventuell mit dünnen, geschälten Zitronenscheiben garnieren.

Der Gellért-Salat kann zu Schnitzeln oder anderen kurzgebratenen Steaks, aber auch zu Kalbs-, Schweine-, Hühner- oder Putenbraten, ja sogar zu Fischgerichten gereicht werden.

XIII. Gundel-Salat

99.
Gundel-Salat
(Gundel-saláta)

300 g kleine Pilzhüte
0,1 l Salatöl
Salz, Pfeffer, Petersilie
120 g zarte grüne Bohnen
200 g Spargelspitzen
15 g Zucker, Salz
150 g Paprikaschoten
150 g Tomaten
150 g Gurken
1 Salatkopf
Salz, Pfeffer
5 cl Zitronensaft
Ketchup
Petersilie

Die Pilzhüte in Scheiben schneiden und in Öl, mit Salz, Pfeffer und Petersilie dünsten. Inzwischen die vorbereiteten Bohnen in Stücke von ungefähr 1 1/2 cm schneiden und — ebenso wie die Spargelspitzen — in wenig Salzwasser, mit einer Prise Zucker kochen und abgießen. Die Tomaten überbrühen und die Schale abziehen. Die Paprikaschoten auf der Herdplatte so lange unter Wenden braten, bis sie Blasen bekommen und sich die dünne durchsichtige Schale abziehen läßt. Dann die Tomaten und die Paprikaschoten, aus denen auch der Samenstand entfernt wurde, in Würfel schneiden. Die Gurken an beiden Enden prüfen, ob sie nicht bitter schmecken (sonst gegen andere austauschen), schälen, in sehr dünne Scheiben schneiden und salzen. Vom Kopfsalat ein paar schöne Blätter beiseite legen, den übrigen Kopfsalat in schmale Streifen schneiden. Alle Zutaten gut kühlen, dann unter Verwendung des Öls, in dem die Pilze gedünstet wurden, mit Salz, Pfeffer, Zitronensaft und eventuell etwas Ketchup gut miteinander vermengen und etwa 1 Stunde im Kühlschrank gut durchziehen lassen. Eine Salatschüssel mit den zurückgelegten Salatblättern auslegen, darauf den Salat anrichten und mit Petersilie bestreuen.

In größeren Portionen kann der Gundel-Salat auch als selbständige Vorspeise gereicht werden, ansonsten eignet er sich zu jeglichem Fleischgericht als Beilage.

XIV. Geschichtete Palatschinken

100.
Károlyi-Salat
(Károlyi-saláta)

In der weitverzweigten Familie der Grafen Károlyi gab es einen Ministerpräsidenten, Politiker, Wissenschaftler, Schriftsteller, Großgrundbesitzer und Offiziere. Nach wem dieser Salat benannt wurde, ist nicht mehr bekannt.

120 g weiße Bohnen, Salz	*2 Salatköpfe*
300 g Salatkartoffeln	*Mayonnaise (aus 2 Eigelb*
150 g Paprikaschoten	*und 0,35 l Öl — Rezept 16)*
300 g Tomaten	*Etwa 5 cl Zitronensaft*
120 g Salzgurken (kovászos)	*Pfeffer, Cayennepfeffer*
3 hartgekochte Eier	*40 g Senf, Petersilie*

Es empfiehlt sich, die eingeweichten Bohnen schon am Vortag zu kochen. Am nächsten Tag Pellkartoffeln in dünne Scheiben schneiden, aus den Paprikaschoten den Samenstand entfernen, die Tomaten überbrühen und schälen, die Salzgurken ebenfalls schälen, alles in Scheiben schneiden, auch die hartgekochten Eier. Von letzteren 6 schöne Scheiben beiseite legen. Vom Kopfsalat einige schöne Blätter auswählen, den übrigen Kopfsalat in Streifen schneiden. Alle Zutaten gut kühlen. Inzwischen die steife Mayonnaise zubereiten und mit den obigen Gewürzen abschmecken. Dann die Bohnen abgießen und die Zutaten vorsichtig mit so viel Mayonnaise vermengen, daß es ein saftiger, aber nicht zu dünner Salat wird. Mit Kopfsalatblättern und Eischeiben garnieren und mit Petersilie bestreuen. Der Károlyi-Salat paßt zu fast allen Fleischgerichten, kann aber auch als selbständige Vorspeise serviert werden.

101.
Kalte Paprikasoße
(Hideg paprikamártás)

Die schmackhaftere, wenngleich etwas süßliche Variante wird von 4 rotgereiften sog. Tomatenpaprikafrüchten zubereitet, die aber im Jahr nur recht kurze Zeit zur Verfügung stehen. Sie werden ohne Samenstand fein durchgedreht, eventuell sogar passiert und mit Salz, 30—40 g

Gewürzpaprika und 0,1 l trockenem Rotwein, nach Belieben auch mit Pfeffer, gut verrührt. Fehlen rote Tomatenpaprikaschoten, dann 0,1—0,15 l Salzwasser zum Kochen bringen, ungefähr 60 g Gewürzpaprika unter Rühren mit dem Schneebesen so lange darin kochen, bis ein dicker Sud entsteht. Während des Abkühlens wird dieser noch dicker. Dann mit so viel trockenem Rotwein verdünnen, bis die Soße etwas dünner als Tatarsoße ist. Viele männliche Gäste mögen es, wenn die Soße von scharfem (oder schärferem) Gewürzpaprika zubereitet wird. Die kalte Paprikasoße hauptsächlich zu fettigeren Fleischgerichten und Gegrilltem reichen.

102.
Soße auf Csiker Art
(Csiki mártás)

120 g rote Rüben
80 g säuerliche Äpfel
1 Bund Schnittlauch
Mayonnaise (von 2 Eigelb und 0,35 l Öl – Rezept 16)
0,1 l Weißwein
50 g Senf
etwa 3 cl Zitronensaft
10 g Puderzucker
Pfeffer, Cayennepfeffer
Salz
0,1 l süße Sahne

Die oben angegebenen Mengen haben nur informativen Charakter, sie lassen sich nicht genau bestimmen, denn rote Rüben, Äpfel, Senf und Wein haben jeweils unterschiedlichen Zucker- und Säuregehalt. Deshalb empfiehlt es sich, die Zutaten nach und nach miteinander zu vermengen, so daß sie eine nicht zu dünne, gehaltvolle, pikant und harmonisch abgeschmeckte, pastellfarbene Soße ergeben. Zwischendurch immer wieder kosten und nachwürzen!

Die nach Rezept 98 zubereiteten roten Rüben und die geschälten Äpfel in ungefähr 2 mm kleine Würfel schneiden, den Schnittlauch fein hacken. Alles mit den oben angeführten Gewürzen, dem Wein und der süßen Sahne bzw. der daraus ohne Zucker geschlagenen Schlagsahne unter die steife Mayonnaise unterziehen und nach Bedarf noch etwas von dem Saft der roten Rüben zufügen. Verschiedentlich werden der Soße auch 60 g kleingehackte und in 2 cl Öl gedünstete Pilze zugegeben.

Die Soße auf Csiker Art kann anstelle von Tatarsoße oder Mayonnaise zu jeglichem Gericht gereicht werden, sie wird bestimmt schmecken.

10.

Nachspeisen

Auf den ungarischen Speisekarten sind die international bekannten Puddings, Aufläufe, Knödel, Krapfen, Cremes und Torten ebenso häufig zu finden wie steirische Nudeln, Scheiterhaufen, Makkaroni mit Käse oder Kaiserschmarren. Ihre Zubereitung soll hier nicht beschrieben werden. Was die Strudel betrifft, so reklamieren unsere österreichischen Nachbarn diese als ihre „Erfindung". Károly Gundel schrieb diesbezüglich, daß es zwar zutreffe, die ersten Strudel mit Sicherheit aber aus ungarischem Mehl mit hohem Klebergehalt zubereitet worden sind... Die Palatschinken haben die Ungarn von den Franzosen übernommen, doch entstanden einige Originalrezepte in der ungarischen Küche... Quarkfleckerln und andere ungarische gekochte Mehlspeisen finden bei den Ausländern nicht ungeteilten Beifall, gehören aber unbedingt zum ungarischen Angebot. Außerdem bringen wir hier auch die Rezepte einiger Feinbackwaren, die seinerzeit bei Gundel sehr beliebt waren. Den Abschluß bildet ein in der ganzen Welt bekannter Käse auf ungarische Art zubereitet.

103.
Quarkfleckerln
(Túrós csusza)

450 g Quark
(er darf nicht sauer sein!)

———

600 g griffiges Mehl
4 Eier, Salz
5 g Schmalz

———

Salz
10 g Schmalz (ins Wasser)

———

50 g Schmalz

———

120 g Räucherspeck
0,3 l saure Sahne, Salz

Den Quark fein zerkrümeln und an einen lauwarmen Platz stellen.

Das gesiebte Mehl mit den Eiern, Salz und Wasser zu einem eher festen als weichen glatten Teig verkneten und in 3—4 Teile teilen. Jeden Teil nochmals gut durchgearbeitet zu einem Laib formen, diesen mit der Hand dünn fetten und zugedeckt mit einem Geschirrtuch 15 Minuten rasten lassen. Die Teiglaibe auf einem bemehlten Brett mit einem bemehlten Nudelholz sehr dünn (!) ausrollen, mit etwas Mehl bestäuben und ein paar Minuten rasten lassen. Den Teig in 3—4 cm große Stücke (Fleckerln) zupfen und schwach bemehlt trocknen lassen. In einem großen Topf ungefähr 3 l Salzwasser zum Kochen bringen und dem Wasser auch etwas Schmalz zusetzen. Das übrige Schmalz in einem 3 l-Topf erhitzen. Inzwischen in einer Pfanne Speckwürfel ohne Schwarte auslassen und warm halten.

Die Fleckerln in drei Teilen in dem siedenden Salzwasser kochen, abschrecken und gut abtropfen lassen. Dann in das erhitzte Fett geben, die Hälfte der sauren Sahne und des Quarks zufügen, salzen und vorsichtig miteinander vermengen. Gut erhitzen und in eine vorgewärmte Schüssel geben. Den restlichen Quark und die restliche, nicht zu kalte saure Sahne auf den Quarkfleckerln verteilen, Speckgrieben und ausgelassenes Fett darübergeben und sofort servieren.

104.
Quarkklöße
(Túrós gombóc)

800 g Quark	*120 g Schmalz*
120 g Grieß	*180 g Semmelbrösel*
Salz	*30 g Butter*
4 Eier	*0,3 l saure Sahne*

Die Zubereitungszeit sollte so berechnet werden, daß die Quarkklöße gerade zum Zeitpunkt des Servierens fertig sind.

Den Quark passieren, Grieß, etwas Salz und Eigelb zufügen und gut verrühren. Dann vorsichtig den steifen Eischnee unterziehen und den Teig etwa 50 Minuten rasten lassen. Inzwischen in einem großen Topf, in dem ungefähr 18 Klöße nebeneinander Platz haben, reichlich Salzwasser zum Kochen bringen. Wenn das Wasser siedet, zur Probe einen mit nasser Hand geformten Kloß von etwa 4—5 cm Durchmesser bei mäßiger Hitze zugedeckt (10—15 Minuten) kochen, bis er an die Oberfläche kommt. Ist der Kloß zu weich oder zerfällt er, dem Teig noch etwas Grieß oder Mehl zufügen; wird der Kloß zu fest, dem Teig noch Quark zusetzen. Nun auch die übrigen Klöße in Salzwasser kochen. Inzwischen Semmelbrösel in Schmalz goldbraun rösten, später etwas Butter dazugeben.

Die Klöße mit der Schaumkelle aus dem Wasser heben, gut abtropfen lassen, auf einer vorgewärmten Platte mit gerösteten Semmelbröseln anrichten und mit nicht zu kalter saurer Sahne beträufeln. Die einen bevorzugen die Quarkklöße süß mit reichlich Puderzucker bestreut oder auch mit Aprikosenmarmelade, die anderen verzehren sie am liebsten leicht salzig und ohne Semmelbrösel.

105.
Pflaumenknödel
(Szilvás gombóc)

1,2 kg Kartoffeln, Salz	*80 g Puderzucker*
300 g griffiges Mehl	*Salz*
20 g Schmalz	———
1 größeres Ei, Salz	*180 g Semmelbrösel*
———	*120 g Schmalz, 20 g Butter*
400 g loskernige Pflaumen	———
Zimt	*Zimt, 100 g Puderzucker*

Die gut gewaschenen Kartoffeln mit der Schale (möglichst eine Sorte, die beim Kochen zerfällt) in schwachem Salzwasser kochen, noch heiß pellen und sofort zerstampfen. Die Stampfkartoffeln etwas auseinanderbreiten, damit sie abkühlen, dann mit gesiebtem Mehl, Schmalz, Ei und 1 Prise Salz verkneten. Den Teig auf einem bemehlten Brett 1/2 cm dünn ausrollen und aus der Teigplatte etwa 5x5 cm große Quadrate schneiden. Auf jedes Teigquadrat eine entkernte Pflaume legen, dabei an die Stelle der Kerne etwas Puderzucker mit Zimt geben. Die vier Ecken des Quadrats zusammenschlagen und einen Kloß formen, Die Pflaumenknödel auf ein bemehltes Brett legen. In einem großen Topf, in dem die Hälfte der Knödel Platz hat, reichlich Wasser, schwach gesalzen, zum Kochen bringen. Die Knödel in das siedende Salzwasser geben und bei mäßiger Hitze so lange kochen (etwa 10—15 Minuten), bis sie an die Oberfläche kommen. Inzwischen gesiebte Semmelbrösel in Schmalz goldbraun rösten und etwas Butter darüberkrümeln. Die fertigen Knödel mit dem Schaumlöffel aus dem Wasser heben, abtropfen lassen und in den gerösteten Semmelbröseln wenden. Ist auch die zweite Hälfte der Knödel fertig, alles mit Puderzucker und Zimt bestreuen und sofort servieren.

Anstelle von Pflaumen können die Knödel auch mit Pflaumenmus oder mit Aprikosenhälften (Marillenknödel) gefüllt werden.

106.
Mustaschen
(Lekváros derelye)

300 g Pflaumenmus, Zimt
20 g Puderzucker

———

Für den Teig:
700 g griffiges Mehl
3 Eier, Salz
5 g Schmalz (zum Fetten)
1 Ei (zum Teigandrücken)

180 g Semmelbrösel
120 g Schmalz
20 g Butter

———

100 Puderzucker
Zimt
80 g Walnußkerne

———

Das Pflaumenmus mit Zimt und Puderzucker (eventuell etwas Pflaumenschnaps) glatt verrühren. Die Zutaten für den Teig nach Rezept 103 verkneten, die ausgerollten Teigstücke aber nicht trocknen lassen. Jeweils auf der einen Hälfte der Teigplatte immer im Abstand von etwa 5 cm mit der Teigspritze oder mit dem Teelöffel kleine Häufchen Pflaumenmus (so groß wie eine halbe Walnuß) verteilen. Das Ei gut verquirlen und den Teig zwischen den Mushäufchen damit bestreichen. Dann die andere Hälfte der Teigplatte darüberschlagen, an den mit Ei bestrichenen Stellen die Teighälften mit den Fingern gut zusammendrücken, damit sie aneinanderhaften, und dort mit dem Teigrädchen Quadrate ausschneiden. Die Taschen dann in schwach gesalzenem siedendem Wasser bei mäßiger Hitze unter zeitweiligem vorsichtigem Umrühren kochen. Wenn sie an die Oberfläche kommen, aus dem Wasser heben und auf einem Sieb gut abtropfen lassen. Die Hälfte der in Schmalz gerösteten und mit Butter verfeinerten Semmelbrösel in eine feuerfeste Jenaer Form geben, darauf die Mustaschen verteilen und mit der anderen Hälfte gerösteter Semmelbrösel bedecken. Etwas schütteln oder die Mustaschen in den Semmelbröseln vorsichtig wenden und schließlich mit Puderzucker bestreuen, dem Zimt und grob geriebene Nüsse beigemengt wurde.

Wenn wir besonders aufmerksam sein wollen, etwas mehr Pflaumenmus zubereiten, der dann erwärmt noch zu den Mustaschen gereicht wird.

107.
Schinkenfleckerln
(Sonkás kocka)

200 g Schinken oder Kaßlerkamm	*Salz, 10 g Schmalz*
Für den Teig:	*80 g Schmalz*
600 g griffiges Mehl	*3 Eier*
3 Eier, Salz	*0,25 l saure Sahne*
5 g Schmalz (zum Fetten)	*Salz, Pfeffer, 15 g Schmalz*
	15 g Semmelbrösel

Das butterweich gekochte, mittelfette Fleisch kleinschneiden oder durchdrehen. Die Teigzutaten nach Rezept 103 verkneten, den Teig aber nicht zerzupfen, sondern in ungefähr 2x2 cm große Vierecke schneiden und dann ebenso in Salzwasser, dem etwas Schmalz zugefügt wurde, kochen, abschrecken und abtropfen lassen wie die Quarkfleckerln. Während die Fleckerln kochen, die Schinkenmasse zubereiten: Schmalz und Eigelb gut verrühren, saure Sahne und Schinken dazugeben, salzen, pfeffern und vorsichtig den steifen Eischnee unterziehen. Die gekochten Fleckerln behutsam mit dieser Schinkenmasse vermengen. Eine tiefe Pfanne fetten und mit Semmelbröseln bestreuen, die Schinkenfleckerln hineingeben und in der Röhre bei mittlerer Hitze knusprig braten, so daß sie auch innen gut durchgebraten sind. Beim Servieren mit der flachen Kelle viereckige Stücke ausstechen.

XV. Strudel (Quark-, Nuß-, Krautstrudel)
XVI. Garnierter Liptauver Käse

BLUMENSTÖCKEL

108.
Einfache Palatschinken
(Egyszerű palacsinták)

Für 12 Stück:
2 Eier, 0,2 l Milch
240 g griffiges Mehl
0,2 l Milch oder Sodawasser
Salz oder Zucker
100 g Schmalz

In Ungarn werden nahezu hauchdünne Palatschinken bevorzugt. Dazu Eier und kalte Milch mit dem Schneebesen glatt verrühren und unter weiterem kräftigem Rühren das gesiebte Mehl zufügen. Ist der Teig ganz glatt, noch Milch oder Sodawasser dazugeben, so daß er flüssig wie eine Cremesuppe wird. Für salzige Palatschinken (Rezept 37) eine Prise Salz zufügen. Sollen die Palatschinken eine süße Füllung erhalten, schmecken sie besser, wenn dem Teig etwa 10 g Zucker zugefügt werden. Allerdings brennen sie dann in der Stielpfanne leichter an. Wer dies vermeiden will, kann auf die Zugabe von Zucker auch verzichten, denn die süße Füllung und das Bestreuen mit Puderzucker geben den Palatschinken einen süßen Geschmack.

In einem kleinen Topf ausgelassenes Schmalz bereitstellen. Die gesäuberte Palatschinkenpfanne erhitzen (eiserne Pfannen ausbrennen), 1/2 Eßlöffel Schmalz hineingeben, das Fett zerlaufen lassen, so daß die ganze Fläche der Pfanne fettig ist, dann einen Teil des Fetts zurückgießen und nur so viel in der Pfanne lassen, daß der Palatschinkenteig nicht ansetzt. Sofort eine Kelle (etwa 0,1 l) Teig in die Pfanne geben und den Teig in der Pfanne gleichmäßig breitlaufen lassen. Bei starker Hitze backen, bis sich die Palatschinke beim Schütteln der Pfanne vom Pfannenboden löst, noch etwa 5 Sekunden weiterbacken, dann wenden und auch die andere Seite backen. Sollte der Teig nicht zusammenhalten und die Palatschinke zerfallen, muß dem Teig noch ein Eigelb oder noch ein wenig Mehl zugegeben werden. Zu festen Teig mit Sodawasser strecken.

Den Teig mehrmals mit der Kelle umrühren, damit sich das Mehl nicht am Boden absetzt.

Ein Anbacken der Palatschinke am Pfannenboden kann mehrere Ursachen haben: 1) im Teig ist zu viel Zucker; 2) Pfanne, Fett oder Flamme sind nicht heiß genug; 3) in der Pfanne ist zu wenig Fett; 4) die Pfanne ist nicht sauber — sie wurde entweder zu Beginn des Ausbackens nicht gründlich gesäubert oder beim Backen hat sich Teig abgesetzt.

Die Palatschinken werden in der Regel nach ihrer Füllung bezeichnet. Nuß — und Quarkfüllung können durch Vereinfachung von Rezept 109 bzw. 110 zubereitet werden. Außerdem gibt es noch folgende Varianten:

108/a Zitronenpalatschinken (Citromos palacsinta) Die gebackenen Palatschinken mit Zitronensaft beträufeln, zusammenschlagen und mit Puderzucker oder Vanillezucker bestreuen. Zum Nachwürzen auch Zitronensaft und Puderzucker auf den Tisch stellen.

108/b Marmeladenpalatschinken (Ízes palacsinta) Im Prinzip kann jede Marmelade oder Konfitüre verwendet werden, in Ungarn bevorzugt man Aprikosenmarmelade. Es kann auch Marmelade mit Aprikosenschnaps (Rezept 123) gewählt werden. Füllen wir die Palatschinken mit entkernten und gezuckerten Sauerkirschen, geriebene Walnüsse dazugegeben.

108/c Mokkapalatschinken (Kávés palacsinta) Etwa 36 g puderfein gemahlenen Kaffee mit ungefähr 18 g Staubzucker vermengen. Die noch heißen Palatschinken damit bestreuen, zusammenschlagen und mit Puderzucker bestreuen.

108/d Kakaopalatschinken (Kakaós palacsinta) Wie Rezept 108/c nur anstelle von gemahlenem Kaffee Kakaopulver nehmen.

109.
Gundel-Palatschinken
(Gundel-palacsinta)

Unter den Kreationen von Károly Gundel ist diese bis heute sowohl in Ungarn wie im Ausland die beliebteste. Leider werden die Gundel-Palatschinken nur in wenigen Gaststätten nach dem Originalrezept zubereitet. Man flambiert sie zum Beispiel, was zwar ein schöner Anblick ist, doch liegt das Hauptgewicht auf dem intensiven Rumgeschmack der Nußfüllung und der Schokoladensoße, der Alkohol sollte hier nicht verbrennen.

Für die Füllung:	*Für die Schokoladensoße:*
0,15 l 50—60%iger Rum	*0,25 l Milch*
40 g Rosinen, 20 g Orangeat	*Vanille, 30 g Zucker*
180 g Walnußkerne	—
0,1 l süße Sahne	*100 g Schokolade*
120 g Zucker, Zimt	*0,15 l süße Sahne*
—	—
12 Palatschinken (Rezept 108)	*3 Eigelb, 80—100 g Zucker*
—	*50 g Kakaopulver*
50 g Butter (zum Bräunen)	*15 g Mehl, 5 cl Milch*

Die Rosinen und in haarfeine Stifte geschnittenes Orangeat am Vortag in Rum weichen. Am folgenden Tag für die Füllung die Nüsse reiben. Sie sollen nicht zu grob, aber auch nicht so fein wie Mehl sein. Die süße Sahne aufkochen, die geriebenen Nüsse dazugeben, ebenso Zucker, 1 Prise Zimt, die abgegossenen Rosinen und das Orangeat, das Ganze 1—2 Minuten (wenn nötig unter Zugabe von etwas Milch) kochen, bis eine streichfähige Masse entsteht. Etwas abkühlen lassen und erst dann die Hälfte des Rums darin verrühren. Dann 12 Palatschinken nach Rezept 108 backen, die Füllung in je einem Streifen auftragen, die Palatschinken zusammenrollen und warm stellen.

Für die Soße Milch mit Zucker und Vanille aufkochen. Inzwischen in einem kleinen Gefäß die Schokolade in der Röhre schmelzen. Die Sahne steif schlagen. Dann mit dem Schneebesen zunächst Eigelb mit Zucker glatt verrühren, dann Kakaopulver mit etwas Mehl und kalter Milch darin schaumig rühren. Die Schokolade dazugeben und dann unter schnellem Schlagen mit dem Schneebesen allmählich in dünnem Strahl die heiße Milch dazugießen. Bei mäßiger Hitze bis zum Siedepunkt erhitzen, aber nicht aufkochen! Die Soße vom Feuer nehmen und noch eine Weile rühren, dann langsam die Schlagsahne unterziehen, schließlich den restlichen Rum zugießen. Nach Belieben je nach der Qualität der Schokolade noch etwas Puderzucker einrühren, doch sollte die Schokoladensoße nicht zu süß sein.

Die gefüllten Palatschinken auf beiden Seiten in einer Pfanne in Butter knusprig bräunen und auf eine feuerfeste vorgewärmte Platte geben. Die heiße Schokoladensoße nur im letzten Augenblick darübergießen.

110.
Flambierte Quarkpalatschinken
(Lángoló túrós palacsinta)

30 g Rosinen	*12 Palatschinken (Rezept 108)*
0,15 l 50—60%iger Rum	———
———	*20 g Butter*
400 g Quark, 2 Eier	———
120 g Zucker	*Ei, 40 g Zucker*
30 g Vanillezucker	*0,2 l saure Sahne*
0,05—0,1 l saure Sahne	———
Zitronenschale	*50 g Puderzucker*

Die Rosinen am Vortag in Rum weichen. Am nächsten Tag feinen Quark passieren und von den Eiern das Eiweiß zu steifem Schnee schlagen. Zucker und Eigelb schaumig rühren, mit Vanillezucker, saurer Sahne und abgeriebener Zitronenschale glatt verrühren und alles mit dem Quark und den abgetropften Rosinen gut vermengen, schließlich das steifgeschlagene Eiweiß vorsichtig unterziehen. Dann 12 Palatschinken nach Rezept 108 backen, die Füllung in einem Streifen auf den Palatschinken verteilen und diese zusammenrollen. Die gefüllten Quarkpalatschinken auf einer mit Butter gefetteten feuerfesten Platte in einer Schicht nebeneinanderlegen. Ein Ei mit Zucker schaumig rühren, saure Sahne dazugeben, das Ganze über die Palatschinken gießen und diese in der nicht zu heißen Röhre braun backen. Mit Puderzucker bestreuen, etwas lauwarmen, mit 96%igem Alkohol verbesserten Rum darübergießen, anzünden und derart flambiert servieren.

Die gleichen Quarkpalatschinken können auch salzig gereicht werden. Dann anstelle von Zucker etwas Salz, anstelle der Rosinen feingehackten Schinken, anstelle von Vanille Dill und anstelle von abgeriebener Zitronenschale Pfeffer verwenden.

111.
Krautpalatschinken
(Káposztás palacsinta)

600 g Weißkohl	*10 g Zucker, Pfeffer*
Salz, 40 g Schmalz	*12 Palatschinken (Rezept 108)*

Den Weißkohl nach Entfernen des Strunkes raspeln, salzen und einige Minuten stehenlassen. Inzwischen in erhitztem Schmalz den Zucker bräunen. Dann das gut ausgedrückte Kraut damit vermengen, pfeffern und bei mäßiger Hitze unter Rühren goldgelb und nicht zu weich dünsten. Nach Rezept 108 einen etwas festeren Palatschinkenteig bereiten, jedoch ohne Zucker, die Milch durch Sodawasser ersetzen. Das Kraut in den Teig mengen und die Palatschinken backen.

Für eine andere Variante der Krautpalatschinken wird doppelt so viel Kraut, Schmalz und Zucker verwendet. Das Kraut hierbei weich dünsten; wie in Rezept 108 angegeben, dünne Palatschinken backen und diese mit Kraut füllen. Bei beiden Arten von Krautpalatschinken Pfeffer auf den Tisch stellen.

112.
Geschichtete Palatschinken
(Rakott palacsinta)

Von 120 g Walnußkernen nach Rezept 109 und von 180 g Quark nach Rezept 110 unter entsprechender Verminderung der übrigen Zutaten Füllungen bereiten. 100 g Aprikosenmarmelade wie in Rezept 123 angegeben vorbereiten oder nur mit etwas Wasser streichfähig verdünnen.
50 g Kakao und 30 g Puderzucker sieben und miteinander vermengen.
Dann 9—12 Palatschinken nach Rezept 108 backen.
Auf einer runden feuerfesten und mit Butter gefetteten Platte die Palatschinken schichten. Die erste Palatschinke mit 1/3 der Nußfüllung, die zweite mit 1/3 der Quarkfüllung, die dritte mit Kakao und die vierte mit 1/3 der Aprikosenmarmelade gleichmäßig bestreichen und auf jede Schicht etwas zerlassene Butter (80 g) träufeln. Die verschiedenen Schichten im Wechsel wiederholen, zuletzt mit einer unbestrichenen Palatschinke abdecken. In der Röhre bei mäßiger Hitze 5—10 Minuten backen. Inzwischen 4—5 Eiweiß zu steifem Schnee schlagen, mit 100 g Zucker und 50 g Aprikosenmarmelade vermengen und diesen Aprikoseneischnee mit einer Teigspritze auf den geschichteten Palatschinken als Garnierung obenauf verteilen. Die Palatschinken mit dem Eischnee in der nicht zu heißen Röhre 3—4 Minuten bräunen. Schließlich mit einem in warmes Wasser getauchten scharfen Messer in Tortenstücke schneiden und mit Vanillepuderzucker bestreut servieren.

113.
Palatschinken nach Szentgyörgyer Art
(Szentgyörgyi palacsinta)

Diese Palatschinken sind vermutlich nicht nach dem in den Vereinigten Staaten von Amerika lebenden ungarischen Wissenschaftler und Nobel-Preisträger Prof. Albert Szentgyörgyi benannt worden, sondern nach einem Ortsnamen. Zwar gibt es heute in Ungarn keine Gemeinde dieses Namens, doch in einem Ortsnamenverzeichnis von 1888 sind noch insgesamt 23 Ortschaften mit dem Name Szentgyörgy zu finden. Bestimmte Kennzeichen verweisen auf einen siebenbürgischen Ursprung der Speise.

50 g Rosinen	*0,2 l süße Sahne*
0,1 l Rum	*0,2 l Milch*
———	———
20 Palatschinken (Rezept 108)	*100 g Zucker*
———	*150 g süße Mandeln*
20 g Butter	———
———	*5 Eiweiß*
120 g Zucker	*100 g Zucker*
5 g Vanillezucker	*50 g Aprikosenmarmelade*
5 Eigelb, 150 g Butter	*40 g Puderzucker*

Diese Zutaten sind, sofern die Palatschinken als Abschluß eines reichhaltigen Mahls gereicht werden, für 10 Personen ausreichend!

Die Rosinen am Vortag in Rum weichen. Am nächsten Tag 20 Palatschinken nach Rezept 108 backen, wobei die dort angegebenen Zutaten um etwa 60% zu erhöhen sind. Immer vier Palatschinken übereinanderlegen und zusammenrollen. Die Palatschinkenrollen, denen die Enden abgeschnitten wurden, in Stücke schneiden, daß sie nebeneinander aufgestellt ungefähr 1,5 cm niedriger sind als das zum Backen verwendete Gefäß. Letzteres (es kann eine tiefe Pfanne oder auch eine runde feuerfeste Schüssel sein) mit Butter fetten und die Palatschinken darin locker nebeneinanderstellen, sie sollen das ganze Gefäß ausfüllen. Dann Zucker, Vanillezucker und Eigelb schaumig schlagen und mit weicher Butter, süßer Sahne und Milch glatt verrühren. Die in Streifen geschnittenen Palatschinkenenden dazugeben und auch Zucker, geriebene Mandeln und Rumrosinen einrühren. Das Ganze gleichmäßig über den Palatschinken verteilen und diese in der Röhre bei mittlerer Hitze backen, bis die aufgegossene Masse stockt. Inzwischen das Eiweiß zu steifem Schnee schlagen, mit Zucker und Aprikosenmarmelade abschmecken und über die gebackenen Palatschinken geben, obenauf mit einer Schaumkarte wellenförmig garnieren. In der nicht zu heißen Röhre goldgelb überbacken und schließlich mit Puderzucker bestreuen. Mit einer flachen Kelle in Vierecke geschnitten servieren.

Die Palatschinken nach Szentgyörgyer Art können auch mit erwärmtem Rum, dem etwas hochprozentiger Alkohol zugegeben wurde, beträufelt und flambiert werden.

114.
Gleitpalatschinken
(Csúsztatott palacsinta)

Ausnahmsweise diese Palatschinken nicht nach Rezept 108, sondern wie folgt backen:

Für die Punschsoße:	*120 g griffiges Mehl*
150 g Zucker	*0,35 l süße Sahne*
3 Eigelb	———
10 g Mehl	*80 g Butter*
Vanille	———
0,25 l Milch	*20 g Butter*
8 cl Rum	———
1 dl süße Sahne	*120 g Walnußkerne*
———	*120 g Puderzucker*
60 g Butter	*200 g Orangenkonfitüre*
6 Eier	*abgeriebene Zitronenschale*
60 g Puderzucker	*10 g Vanillezucker*
abgeriebene Zitronenschale	

Zunächst die Punschsoße zubereiten:

Zucker, Eigelb und Mehl mit dem Schneebesen verrühren, langsam mit Milch auffüllen, die mit Vanille aufgekocht wurde, und die Soße unter ständigem Rühren aufkochen. Vom Feuer nehmen, etwas abkühlen lassen, Rum und süße Sahne dazugießen und mit roter Speisefarbe rosa färben. (Anstelle von Punschsoße kann auch eine nach Rezept 109 zubereitete Schokoladensoße gereicht werden.)

Dann die Palatschinken backen.

Butter mit Eigelb und Puderzucker schaumig rühren, mit abgeriebener Zitronenschale abschmecken, unter ständigem Rühren Mehl und süße Sahne dazugeben, zu einem glatten Teig verarbeiten und schließlich das steifgeschlagene Eiweiß unterziehen. In der Palatschinkenpfanne etwas Butter erhitzen und mit einer Kelle so viel Teig hineingeben, daß es eine Palatschinke von etwa 10 mm Dicke ergibt, diese auf einer Seite schön braun backen. Dann auf eine mit Butter gefettete feuerfeste Platte gleiten lassen, so daß die gebackene Seite unten bleibt. Ist die Oberseite nicht mehr flüssig, mit Puderzucker, dem geriebene Nüsse beigemengt wurden, und geriebener Zitronenschale bestreuen. Orangenkonfitüre darauf verteilen. Auf der Platte auch die übrigen einseitig gebackenen Palatschinken übereinander schichten, genauso bestreuen und mit Konfitüre bestreichen. Die letzte Palatschinke mit der gebackenen Seite nach oben auflegen. Die Palatschinkentorte in der Röhre bei mittlerer Hitze ungefähr 8 Minuten backen. Mit Vanillepuderzucker bestreuen, in Tortenstücke aufgeschnitten servieren. Die heiße Punschsoße gesondert reichen.

115.
Strudelteig
(Rétestészta)

350 g griffiges Mehl
25 g Schmalz
2 kleine oder 1 großes Eigelb
Essig
10 g Schmalz zum Bestreichen
10 g Schmalz zum Fetten
30 g Schmalz zum Beträufeln
30 g Puderzucker

Der Strudelteig läßt sich nur von Mehl mit hohem Klebergehalt, sogenanntem Strudelmehl (rétesliszt), zubereiten.

Das Mehl auf ein Backbrett sieben, in die Mitte eine Vertiefung drücken, Schmalz, Eigelb, 1—2 Tropfen Essig und so viel lauwarmes, schwach gesalzenes Wasser (etwa 0,25 l) hineingeben, daß ein nicht ganz mittelfester Teig entsteht. Gründlich durchkneten, bis sich der Teig von den Fingern und vom Backbrett löst und anfängt Blasen zu schlagen. Einen Teiglaib formen, an der Oberfläche dünn einfetten und mit einem erwärmten Topf zugedeckt an einem warmen Platz wenigstens 20-25 Minuten ruhen lassen. Inzwischen die jeweilige Strudelfüllung zubereiten.

Einen ungefähr 140x70 cm großen freistehenden Tisch mit einem weißen Leinentuch bedecken und dieses mit Mehl bestreuen. Noch auf dem Backbrett die geballte Faust unter den Teig stecken und diesen mit nach außen gerichteten Bewegungen zu einem Rechteck von gleichmäßiger Stärke ausziehen. Das Teigstück in die Mitte des Tisches legen und mit bemehlten Fingern weiter ausziehen, dabei um den Tisch herumgehen und Luft unter den Teig heben. Der Teig muß papierdünn ausgezogen werden. Das Teigblatt soll möglichst den ganzen Tisch bedecken und auch an den Rändern nicht dicker sein. Gelingt dies nicht, so die Ränder ringsherum abschneiden und wieder verkneten. Den Teig nochmals ruhen lassen und ähnlich wie zuvor ausziehen. Will das

Ausziehen durchaus nicht gelingen, so liegt es an der Qualität des Mehls. (Die Strudelteigzubereitung, die außer entsprechendem Strudelmehl auch ein gewisses Können voraussetzt, erübrigt sich heute, da in den Lebensmittelgeschäften vieler Städte fertiger Strudelteig im Angebot steht. Der in Lagen verpackte Teig wird nur ausgewickelt und auf einem bemehlten Tuch ausgebreitet.)

Das Teigrechteck einige Minuten trocknen lassen, jedoch nicht zu lange, damit der Teig nicht brüchig wird. Mit zerlassenem Fett beträufeln und die Füllung daraufgeben. Für das Auftragen der Füllung gibt es zwei Methoden: a) etwa 10 cm vom Längsrand entfernt in einem breiten Streifen auf das Teigblatt geben; b) beide Teigseiten 10—15 cm frei lassen, die übrige Fläche in der vollen Breite mit der Füllung bestreichen. Wir empfehlen, bei Quark- und Krautstrudel nach Methode a), bei den übrigen Füllungen nach b) vorzugehen.

Den Teigrand über die Füllung schlagen und durch Anheben des Tuches das Ganze zusammenrollen. Ein gefettetes Backblech danebenstellen, entsprechend der Länge des Bleches die Teigrolle in Stücke schneiden und diese nicht zu dicht nebeneinander auf das Blech heben. Mit zerlassenem Fett beträufeln. Den Strudel möglichst rasch in der nicht zu heißen Röhre goldbraun backen. Mit Ausnahme des Krautstrudels alle Strudelarten mit Puderzucker bestreuen und schräg aufgeschnitten servieren.

115/a Obststrudel (Gyümölcsös rétes)

1,5 kg frisches Obst	*150 g Puderzucker*
60 g Semmelbrösel	*Zimt, 30 g Rosinen*
120 g Walnußkerne	*50 g Schmalz (zum Backen)*

Die möglichst säuerlichen Äpfel schälen und reiben. Den Strudelteig zunächst mit Semmelbröseln bestreuen, darauf die Äpfel, geriebene Nüsse und Rosinen geben und mit Puderzucker und Zimt bestreuen. Die Puderzuckermenge je nachdem wie süß die Äpfel sind, bemessen. Das Teigblatt zusammenrollen.

Gut gewaschene Süß- oder Sauerkirschen (eventuell auch gemischt) bzw. Pflaumen entkernen und in einem Sieb abtropfen lassen. Dann ebenso verfahren wie bei der Apfelfüllung, nur die Rosinen weglassen.

Auch nicht zu süße Erdbeeren können als Strudelfüllung genommen werden, hierbei etwas mehr Semmelbrösel verwenden.

115/b Nußstrudel (Diós rétes) Den ausgezogenen, reichlich gefetteten Strudelteig mit Semmelbröseln bestreuen. Darauf 360 g geriebene Walnüsse, 200 g Zucker und 60 g Rosinen geben und mit abgeriebener Zitronenschale würzen.

115/c Mandelstrudel (Mandulás rétes) Den Strudelteig mit 60 g Semmelbröseln bestreuen, dann dünn mit 180 g Johannisbeer- oder Himbeermarmelade bestreichen. In einem Topf 4 Eigelb mit 40 g Mehl, 0,3 l Milch und 180 g Zucker verrühren, 300 g geriebene Mandeln zufügen, aufkochen und schließlich das steifgeschlagene Eiweiß unterziehen. Die Mandelmasse auf den Teig streichen und diesen zusammenrollen.

115/d Krautstrudel (Káposztás rétes) Die Krautfüllung nach Rezept 111 zubereiten, jedoch soll die Zutatenmenge zweieinhalbmal so viel betragen (1,5 kg Weißkohl usw.). Dieser Strudel wird natürlich nicht gezuckert.

115/e Mohnstrudel (Mákos rétes) 360 g Mohn mahlen und mit 0,3 l Milch, 300 g Puderzucker und abgeriebener Zitronenschale zu einer streichfähigen Masse kochen. Dann mit 60 g Rosinen und 200 g geriebenen Äpfeln (ohne Schale) verrühren. Den Strudelteig zunächst mit 60 g Semmelbröseln bestreuen, darauf die Apfel-Mohn-Füllung geben.

115/f Schokoladenstrudel (Csokoládés rétes) 0,2 l Milch und 0,2 l süße Sahne mit 120 g Zucker und Vanille aufkochen, mit dem Schneebesen 60 g Kakao darin glatt verrühren, vom Feuer nehmen und 3 Eigelb, 30 g Rosinen, 50 g geriebene Mandeln und 50 g Butter einrühren. Den Strudelteig mit 60 g geriebenem Löffelbiskuit bestreuen, darauf die obige Füllung geben, 80 g Schokolade darüberreiben und den Strudelteig zusammenrollen.

115/g Quarkstrudel (Túrós rétes) Die Füllung ebenso wie bei Rezept 110 zubereiten, die Zutatenmenge allerdings um die Hälfte erhöhen.

116.
Schusterstrudel
(Vargabéles)

Für den Knetteig:	*Für den Strudelteig:*
250 g griffiges Mehl	*250 g griffiges Mehl*
2 Eier, Salz, 2 g Schmalz	*15 g Schmalz*
Für die Füllung:	*1 Eigelb, Essig*
200 g Zucker mit Vanille	*5 g Schmalz*
100 g Butter, 4 Eier	*ansonsten:*
600 g Quark	*10 g Schmalz zum Auskochen*
0,5—0,6 l saure Sahne	*20 g Butter zum Fetten*
60 g Rosinen	*50 g Butter zum Beträufeln*
abgeriebene Zitronenschale	*40 g Vanillepuderzucker*

Nach Rezept 103 von den oben genannten Zutaten einen Knetteig zubereiten, diesen zu einem Laib formen, mit Fett bepinseln und ruhen lassen. Dann dünn ausrollen und in sehr feine Nudeln schneiden. Inzwischen Vanillezucker, Butter und Eigelb schaumig rühren, passierten Quark, saure Sahne, Rosinen und ein wenig abgeriebene Zitronenschale zufügen und alles miteinander verrühren. Wasser zum Auskochen der Nudeln zum Sieden bringen.

Nach Rezept 115 aus den oben angegebenen Zutaten den Strudelteig zubereiten. Während der Teig rastet, die Nudeln in reichlich, schwach gesalzenem Wasser, dem etwas Schmalz zugegeben wurde, kochen, gut abtropfen lassen und vorsichtig unter die Quarkmasse rühren.

Schließlich das steifgeschlagene Eiweiß unterheben. Dann den Strudelteig ausziehen und ein wenig trocknen lassen. Eine tiefe Pfanne mit Butter fetten, etwa 3, einzeln mit Butter beträufelte Strudelteigblätter darauflegen, mit der Quarkmasse bedecken und wieder 3 mit Butter beträufelte Strudelteigblätter darüberlegen. In der Röhre bei mittlerer Hitze backen, so daß der Schusterstrudel auch innen gut durchgebacken und obenauf knusprig braun ist (ungefähr 25 Minuten). 10—12 Minuten trocknen lassen, danach in 6 Stücke schneiden und mit Vanillepuderzucker bestreut anrichten.

117.
Nockerln nach Somlóer Art
(Somlói galuska)
(für 10—12 Personen)

Eine Kreation von Károly Gollerits, der 16 Jahre lang Oberkellner der Gaststätte im Stadtwäldchen von Károly Gundel war.

Zum Bestreuen:
100 g Walnüsse
80 g Rosinen, 0,1 l Rum

Für den Biskuitteig:
8 Eier, 160 g Mehl
160 g Zucker, 40 g Walnüsse
20 g Kakao

Für die gelbe Creme:
0,5 l Milch
1 Stange Vanille
4 Eigelb, 30 g Mehl
100 g Zucker

Für den Sirup:
200 g Zucker, 0,3 l Wasser
0,15 l Rum
Orangen- und Zitronenschale

20 g Kakao
80 g Himbeer- oder
Aprikosenmarmelade
300 g süße Schlagsahne
3 Portionen Schokoladensoße

Möglichst am Vortag die Rosinen in Rum weichen und die Nüsse reiben.

Für den Biskuitteig Eiweiß unter allmählicher Zugabe von Zucker zu steifem Schnee schlagen, Eigelb zurühren, dann das Mehl zugeben. Die fertige Masse in 3 Stücke teilen: in 1/3 Teig 40 g Nüsse, in ein weiteres Drittel den Kakao einrühren, das letzte Drittel Teig so belassen und alle drei in fingerdicken Platten in der Röhre bei mittlerer Hitze backen.

Für die gelbe Creme die Milch mit Vanille aufkochen, Eigelb, Zucker, Mehl und eventuell ein wenig Gelatine zufügen.

Für den Sirup den Zucker 1/4 Stunde lang in 0,3 l Wasser mit etwas Orangen- und Zitronenschale kochen. Dann abkühlen lassen und den Rum zugießen.

Zusammenstellung: Zuunterst den Nußbiskuit legen, mit einem Drittel des Sirups beträufeln und mit einem Drittel der Nüsse und der Rosinen bestreuen. Darüber ein Drittel der gelben Creme streichen. Nun den Kakaobiskuit darüberlegen und in der gleichen Weise verfahren wie beim

Nußbiskuit. Zum Schluß den reinen Biskuit auflegen, diesen jedoch zunächst mit Obstmarmelade, dann mit der gelben Creme bestreichen und obenauf mit Kakao bestreuen. Das Ganze einige Stunden in den Kühlschrank stellen.

Die Nockerln nach Somlóer Art können auf Glastellern oder in einer Schüssel angerichtet werden. Entweder mit einem Suppenlöffel Nockerln abstechen und diese in der Mitte der Schüssel anhäufen oder nach Belieben den Biskuit in Stücke schneiden und diese auf Glasteller geben. Bei beiden Varianten den geschichteten Biskuit mit süßer Schlagsahne bedecken und obenauf mit dicker Schokoladensoße (Rezept 109) begießen.

118.
Pflaumenkuchen
(Szilvás lepény)

Für den Teig:
100 g Zucker, 200 g Butter
300 g Mehl, 1 Eigelb
10 g Vanillezucker
abgeriebene Zitronenschale
10 g Backpulver

80 g Walnußkerne
1 kg Pflaumen
120 g Mandeln,
Zimt
80 g Zucker

Aus den obigen Zutaten unter Zugabe von 2 Eßlöffel Wasser einen Linzer Teig kneten, ungefähr 4 mm dünn ausrollen und halb backen. Wenn der Teig etwas aufgeht und oben zu bräunen beginnt, aus der Backröhre nehmen, mit geriebenen Nüssen bestreuen und dicht nebeneinander mit entkernten halben Pflaumen mit der Innenseite nach oben belegen. Die Mandeln brühen, abziehen, in dünne Stifte schneiden und über die Pflaumen streuen. Mit Zucker und Zimt bestreuen und im Ofen bei 140 °C mit Oberhitze etwa 20 Minuten backen. Der Pflaumenkuchen schmeckt auch am nächsten Tag kalt ausgezeichnet.

119.
Quarkkuchen nach Rákóczi
(Rákóczi túróslepény)

Eine Kreation des Küchenchefs János Rákóczi (1897—1966).

Für den Teig:
180 g griffiges Mehl
120 g Butter
60 g Puderzucker
0,1 l saure Sahne
2 Eigelb
Natron (oder Backpulver)

———

Für die Füllung:
120 g Puderzucker
30 g Vanillezucker
3 Eigelb
600 g Quark
0,2 l saure Sahne
40 g Rosinen
abgeriebene Zitronenschale
2 Eiweiß

———

30 g süße Brösel
3 Eiweiß
90 g Puderzucker
Aprikosen- oder Johannisbeermarmelade

Mehl, Butter, Zucker, saure Sahne, Eigelb und 1 Messerspitze Natron oder ein Päckchen Backpulver zu einem Teig verkneten und ruhen lassen. Dann ausrollen, den Teig auf ein Backblech geben, mit der Gabel ein paarmal einstechen und halb backen.

Inzwischen für die Füllung Zucker, Vanillezucker und Eigelb gut verrühren, passierten Quark, saure Sahne, Rosinen und abgeriebene Zitronenschale dazugeben und schließlich den steifen Schnee von 2 Eiweiß vorsichtig unterziehen.

Dann den Teig mit süßen Bröseln (z. B. geriebenem Biskuit) bestreuen, gleichmäßig die Füllung darüber verteilen und den Kuchen in der Röhre bei mäßiger Hitze backen. Inzwischen die übrigen Eiweiß zu steifem Schnee schlagen, Puderzucker zugeben und mit der Teigspritze auf dem fast fertig gebackenen Quarkkuchen als Gitter auftragen. Noch backen, bis der Eischnee Farbe annimmt. Zum Schluß die Gitterfelder auf dem Kuchen mit Marmelade füllen. Den Quarkkuchen etwas abkühlen lassen und dann mit einem in warmes Wasser getauchten Messer aufschneiden.

120.
Rigó Jancsi
(ungefähr 20 Stück)

Benannt nach dem berühmten Zigeunerprimás Jancsi Rigó (?—1927), der die Gattin des belgischen Fürsten Chimay, Tochter eines amerikanischen Millionärs, entführte und heiratete. Aus ihrer Ehe, die als Weltsensation galt, gingen zwar keine Kinder hervor, der Nachwelt blieb aber dieses Backwerk.

100 g Butter	*100 g Schokolade*
80 g Puderzucker	———
4 Eier, 80 g Mehl	*0,6 l süße Sahne*
20 g Kakaopulver	*50 g Puderzucker*
5 g Mehl (zum Bestreuen)	———
———	*30 g Aprikosenmarmelade*
	150 g Schokoladenfondant

Die Butter mit 30 g Puderzucker und Eigelb schaumig rühren. Eiweiß mit 50 g Puderzucker zu steifem Schnee schlagen und vorsichtig unterziehen, dann die Masse auch mit dem Mehl und dem Kakaopulver vermengen. Auf einem mit Pergamentpapier ausgelegtem Backblech gleichmäßig etwa 1,5 cm dick verteilen und im Ofen bei 200—220 °C backen. Dann obenauf mit Mehl bestreuen, wenden, das Papier herunterziehen und den Kuchen abkühlen lassen.

Inzwischen die Schokolade in einem Gefäß in siedendes Wasser stellen und schmelzen. Die süße Sahne mit Puderzucker schlagen. Die warme Schokolade zunächst mit etwas Schlagsahne schnell glatt verrühren, dann auch die übrige Schlagsahne zufügen. Den Kuchen nun in zwei gleich große Stücke teilen. Die eine Hälfte dünn mit Marmelade bestreichen, mit Schokoladenfondant überziehen, und wenn das Ganze abgekühlt ist, in 5x5 cm große Stücke schneiden. Die andere Hälfte mit der Schokoladen—Schlagsahne bestreichen und die mit Fondant überzogenen Kuchenstücke dicht nebeneinander daraufsetzen. Das Ganze fest werden lassen. Mit einem in warmes Wasser getauchten und gründlich abgeriebenen Messer aufschneiden.

121.
Parfait nach Gellért
(Parfé Gellért módra)
(Für 10 Personen)

Károly Gundel hatte 1927—1946 die Restaurants des Budapester Hotel Gellért, die sich bis heute eines guten Rufs erfreuen, gepachtet. Nach dem Hotel wurde das Parfait benannt.

1,2 l süße Sahne
150 g Preiselbeerkonfitüre
———
0,2 l Milch
1/3 Vanillestange
2 Eigelb
80 g Puderzucker
20 g Mehl
———
80 g Puderzucker
———
15 g Gelatine
250 g Kognak- oder Rumkirschen
———
10 Portionen Schokoladensoße
———
40 g Puderzucker
4 g Vanillezucker

Vor allem die süße Sahne rechtzeitig kaufen, denn eine gute Schlagsahne läßt sich nur von Sahne schlagen, die zuvor 10—24 Stunden im Kühlschrank gestanden hat. Die Preiselbeerkonfitüre durch ein Sieb schlagen, damit weder Kerne noch Schalenreste darin bleiben. Sollte die durchgeschlagene Konfitüre zu dick sein, sie mit etwas Wasser verdünnen, so daß sie etwa so flüssig wie saure Sahne ist. Dann ein wenig gelbe Creme zubereiten: Zuerst die Vanille in der Milch kochen. Dann Eigelb und Zucker mit dem Schneebesen im Schaumkessel schlagen, das Mehl dazugeben und glatt verrühren, etwas Milch zugießen und schließlich die ganze Milch glatt einrühren. Den Schaumkessel in heißes Wasser setzen und die Creme unter ständigem Rühren im Wasserbad aufkochen.

In 0,8 l steifer Schlagsahne locker 80 g Puderzucker verrühren. Die Hälfte der Schlagsahne mit der Preiselbeerkonfitüre vermengen, die andere Hälfte mit der lauwarmen Creme, dabei zunächst erst ein wenig Schlagsahne zugeben und allmählich immer mehr. Eine etwa 1 1/2 l fassende Eisbombenform (für 10 Personen) mit Preiselbeer-Schlagsahne auskleiden, dann innen mit Vanilleparfait füllen, dabei auch ein nach oben zu breiter werdendes, ungefähr 0,2 l fassendes Wasserglas hineindrücken. Die Eisbombe so im Tiefkühlfach (—14 °C) einfrieren.

Inzwischen die Gelatine in 0,05 l Wasser weichen. Wenn sie nach etwa 1/2 Stunde sich aufzulösen beginnt, bei schwacher Hitze unter Rühren vollständig auflösen, eventuell noch 1 Teelöffel Wasser zufügen. Abhängig vom Saftgehalt der entkernten Kognak- oder Rumkirschen und der Beschaffenheit der Gelatine, von beidem jeweils so viel nehmen, daß sie erkaltet ein nicht zu festes Gelee ergeben.

Dann nach Rezept 109, allerdings mit anderthalbmal so viel Zutaten, da hier ja 10 Portionen gebraucht werden, eine Schokoladensoße zubereiten.

Ist das Parfait gefroren, das Wasserglas herausziehen und an seine Stelle die fast erstarrten, kaltlauwarmen Kirschen geben und einfrieren.

Vor dem Servieren die restlichen 0,4 l süße Sahne unter Zugabe von Zucker und Vanillezucker steif schlagen. Die Eisbombe ein paar Sekunden in heißes Wasser tauchen, dann eine Glasschüssel auf die Öffnung der Form legen, die Form zusammen mit der Schüssel umdrehen und das Parfait in die Schüssel stürzen. Mit der Teigspritze die Schlagsahne als Garnierung auftragen. Das Parfait bietet eine doppelte Überraschung. Beim Aufschneiden stößt der Gast in der Mitte des Parfaits auf Rum- oder Kognakkirschen, zum anderen wird das Parfait mit kochendheißer Schokoladensoße serviert. Waffeln oder Biskuit dazu reichen. Wer keine so große Eisbombenform hat, kann auch Portionsformen von etwa 0,15 l nehmen. In diesem Fall anstelle des Wasserglases Schnapsgläser (3—4 cl) ins Parfait stecken. Für das Vanilleparfait eignet sich anstelle der gelben Creme auch Vanillepudding, der gekühlt mit der Schlagsahne verrührt wird.

122.
Gefüllte Melone
(Töltött dinnye)

Drei kleine reife gelbe Melonen halbieren, die Kerne entfernen und mit dem Teelöffel etwa ein Drittel des Melonenfleisches ausschaben. Die Melonenhälften mit etwas Puderzucker bestreuen, je 1 cl Kognak hineingießen, mit der Gabel das Melonenfleisch etwas einstechen und gut kühlen. Dann Würfelzucker auf gründlich gewaschenen Orangenschalen reihen, 5 cl Triple Sec und 5 cl Maraschino über den Zucker gießen und diesen mit der Gabel zerdrücken. Das ausgeschabte Melonenfleisch zufügen, außerdem 4—5 Sorten frisches Obst oder Kompott kleingeschnitten hineingeben und ungefähr 120 g grobgehackte Walnüsse untermengen, mit Zitronensaft abschmecken und 1—2 Stunden im Kühlschrank durchziehen lassen. Inzwischen nach Belieben 0,6 l Zitronen-, Erdbeer-, Himbeer- oder Rosinen-Punscheis zubereiten, je nachdem, woraus der

Obstsalat besteht. Geschmack und Aroma sollen sich nicht wiederholen, sondern einander ergänzen! Beim Anrichten zuerst Eis in die Melonenhälften geben, dann Obstsalat darüberhäufen, schließlich mit etwas Schlagsahne garnieren. Eiswaffeln oder Biskuit dazu reichen.
Der Obstsalat darf nicht zu süß sein, der Zuckerstreuer sollte allerdings auf dem Tisch stehen.

123.
Beschwipste Aprikosenmarmelade
(Pálinkás barackíz)

Die beschwipste Aprikosenmarmelade kann zu Marmeladenpalatschinken ebenso verwendet werden wie zu Pfannkuchen, Puddings oder trockenem Kuchen. Das Wesentliche besteht darin, daß die Aprikosenmarmelade ein exquisites Aroma erhält, wird sie zunächst mit Wasser verdünnt zu einer flüssigen Soße aufgekocht, dann abgekühlt und mit Kecskeméter Aprikosenschnaps angereichert (für 300 g Marmelade 5 cl Schnaps).

124.
Garnierter Liptauer Käse
(Körözött juhtúró)

450 g Schafkäse
200 g Butter
ungefähr 30 g Senf
2 Sardinen oder etwas Sardinenöl
20 g Gewürzpaprika
Kümmel, Bier
1 Bund Schnittlauch
10 Kapern

Den nicht scharfen Schafkäse passieren und mit Butter, Senf, Sardinen (eventuell auch nur Sardinenöl oder Sardellenpaste), Gewürzpaprika und Kümmel verrühren. Ist der Käse nicht genügend weich und streichfähig, ein wenig Bier dazugeben. Mit feingehacktem Schnittlauch und nach Belieben mit Kapern würzen.
Radieschen, Paprikaschoten und junge Zwiebeln dazu reichen. Manche mögen den Käse auch mit ganz zarten dünnen Knoblauchzehen. Köstlich schmeckt ein Glas Wein dazu.
Es können auch Paprikaschoten, von denen der Samenstand und die Adern entfernt wurden, mit Liptauer gefüllt, eingefroren und dann mit einem scharfen, in heißes Wasser getauchten Messer in Scheiben geschnitten werden. Vor dem Verzehr sollten die mit Liptauer gefüllten Paprikaschoten aber auf Zimmertemperatur erwärmt werden, denn in gefrorenem Zustand läßt sich der Käse nicht streichen und verliert auch an Geschmack.

11.

Nachwort

Wir wollen uns mit den Zeilen des Vaters und seiner beiden Söhne vom Leser verabschieden!
KÁROLY GUNDEL: „Die moderne Tendenz der Musik... ist die Schaffung von Kakophonien, das Durcheinander und die Zergliederung der Töne, teils der Vorrang des Rhythmus vor der Melodie... die Suche nach dem Exotischen... Die Gastronomie sucht bei der Zusammenstellung der Speisenfolgen und bei der Zubereitung der Gerichte eher nach Harmonie und Einklang... sie stimmt nur darin mit der neuen Richtung der Musik überein, daß sie getrieben von dem Wunsch nach Weiterentwicklung das Neuartige anstrebt." (1934)

IMRE GUNDEL hat mit kleinen Unterschieden fast das gleiche formuliert: „Welch ein Glück, daß die Gastronomie die konservativste Gattung der ‚Künste' ist. Wir suchen nicht um jeden Preis und unbedingt etwas Neues, Bizarres, eine Kakophonie des Geschmacks oder eine Disharmonie der Farben. Im Reich der Gaumenfreuden folgen wir nicht den oftmals haarträubenden und auch in ihrer Einfachheit beunruhigenden Wegen der verschiedenen modischen Ismen. Denn Augen und Ohren halten vieles aus, doch nicht alles läßt sich mit gutem Appetit herunterschlucken!" (1966)
„An dieser Stelle möchte ich dem Leser zwei Ratschläge geben!
Ich kenne eine Dame, die ihre Familie mit hervorragenden Gerichten erfreut. Wenn sie aber einen vornehmen Gast erwartet und sich sehr hervortun will, dann ist es fast sicher, daß ihr irgendetwas nicht gelingt. Ich erzählte ihr von einem befreundeten Chemiker, der mit außerordentlich wertvollen Stoffen arbeitet. Er hatte mir einmal gesagt: ‚Wenn ich die Reagenzgläser mit den wertvollen Materialien vorsichtig in der Hand halte und beim Gang von einem Zimmer ins andere daran denke, was passieren würde, wenn ich eins der Gläser zerbreche, dann stolpere ich bestimmt über ein Haar auf dem Fußboden. Ich muß sie so tragen, als ob ich eine Schachtel Streichhölzer in der Hand hätte.'
Das gleiche gilt für das Kochen. Wir dürfen uns vor nichts fürchten und müssen jedes Angstgefühl überwinden. Die Arbeit soll uns leicht von der Hand gehen; natürlich so, wie es im Großen (oder in diesem kleinen) Kochbuch vorgeschrieben ist. Jeder Fehler läßt sich schnell mit Geschick und etwas Phantasie korrigieren. Und dann gelingt alles sehr gut!

Nachwort

Mein zweiter Ratschlag lautet, vernachlässigen wir nicht das Nachwürzen. Vor allem bei Gerichten, die Salz, Zucker und Essig enthalten, koste ich oft 6—8 mal und ergänze nach erneutem Aufkochen mal dies, mal jenes. Ich möchte behaupten, daß die vollkommene Geschmacksharmonie oftmals von 1—2 Gramm abhängt. Nehmen wir uns die Mühe zu kosten, ebenso wie der Maler ein paar Schritte von seinem Bild zurücktritt, es mit zusammengekniffenen Augen betrachtet und sein Werk vor der Vollendung von allen Seiten in Augenschein nimmt."

FERENC GUNDEL: „Beim Lesen der obigen Zeilen kam mir die Küche der Gaststätte im Stadtwäldchen in Erinnerung, in der meine selige Mutter im Kreise der Köche stand und kostete, die Speisen abschmeckte und hier ein paar Tropfen Zitronensaft, dort ein Gramm Gewürz, hier ein wenig Butter oder süße Sahne und dort etwas Kognak zufügte. Ich bin überzeugt, daß gerade diese Tropfen, diese wenigen Gramm den internationalen Ruf des Gundel-Restaurants und darüberhinaus der ungarischen Küche erhöht haben!

Wenn Sie mit Hilfe dieses kleinen Kochbuches zu Hause Erfolg haben werden, dann vergessen Sie nicht, daß das echte ungarische Aroma und der originale ungarische Geschmack am besten in Ungarn selbst zu genießen sind. Ungarische Laienköche im Kreise privater Freunde und ungarische Berufsköche des Gaststättengewerbes erwarten Sie! Bis zum Wiedersehen stoßen wir in Gedanken mit einem Glas Tokajer Aszu, dem König der Weine und dem Wein der Könige, mit Ihnen und Ihrer Familie auf Ihr Wohlergehen, Glück und auf den Frieden an und begrüßen Sie als bescheidene, aber fanatische Mitglieder des immer größer werdenden Lagers der Freunde des gedeckten Tisches!" (1982)

Inhaltsverzeichnis

1. VORWORT DES VERLAGS 3
2. KURZE BIOGRAPHIE 5
3. AUSZÜGE AUS KÁROLY GUNDELS SCHRIFTEN . . . 8
4. GRUNDLEGENDE KUNSTGRIFFE (WESENTLICHES ÜBER DIE UNGARISCHE ART DES KOCHENS) 14
5. SUPPEN 17
1. Gulaschsuppe 18
2. Falsche Gulaschsuppe 18
3. Kesselgulasch 18
4. Varianten des Kesselgulasches . . 19
4/a Gulasch auf Alfölder und Szegediner Art 19
4/b Gulasch auf serbische Art. . . 19
4/c Bohnengulasch 19
4/d Hammelgulasch 19
4/e Gulasch auf Tschango-Art . . 19
4/f Gulasch auf Kolozsvárer Art . 19
4/g Betyarengulasch. 19
4/h Schweinsgulasch auf Likócser Art 19
5. Fischsuppe 20
6. Varianten der Fischsuppe 20
6/a Szegediner Fischsuppe 20
6/b Fischsuppe für Nachtschwärmer 21
6/c Fischsuppe auf Kalocsaer Art 21
6/d Fischsuppe auf Pakser Art . . 21
7. Palotzensuppe. 21
8. Bohnensuppe nach Jókai 23
9. Suppe nach Pethes (Zubereitung von Fleischsuppe) 24
10. Geflügelsuppe nach Ujházi 27
11. Grüne-Bohnen-Suppe auf ungarische Art. 28
12. Kraftbrühe mit Tokajer 28
13. Schnittersuppe 29
14. Gezupfte Nockerln (Suppeneinlage). 29

6. KALTE VORSPEISEN. 30
15. Gesülzte Fischsuppe 30
16. Schillfilet auf Tihanyer Art (Mayonnaise, französischer Salat) 30
17. Tomaten mit Fischfüllung 32
18. Szegediner Fischsalat. 32
19. Stadtwäldchen-Salat. 33
20. Gefüllte Gurken (Pilzfüllung). . . 34
21. Gesülzte Eier nach Munkácsy (Remoulade) 37

Inhaltsverzeichnis

22. Ferkel- (Schweins-) Sülze 38
23. Gänseleber in Schmalz 38

7. WARME VORSPEISEN 40
24. Serbischer Karpfen 40
25. Fogasch oder Schill
mit Krebspörkölt
(Holländische Soße) 41
26. Schillfilet auf ungarische Art . . . 42
27. Forelle mit Gänseleberfüllung . . 42
28. Fogasch (Schill) nach Gundel)
(Mornay-Soße,
Pommes Duchesse) 43
29. Schillfilet auf Bauernart 42
30. Sterlet auf Karpatische Art 44
(Krebsragout mit Dill) 45
31. Wels mit Sauerkraut 45
32. Krebspörkölt (Krebsbutter) . . . 46
33. Krebsstrudel 47
34. Rührei nach Santelli 47
35. Pochierte Eier nach Hadik 48
36. Pochierte Eier auf Bakonyer Art 49
37. Palatschinken
auf Hortobágyer Art 50
38. Makkaroni auf ungarische Art . . 50

8. FLEISCHGERICHTE 50
39. Pörkölt-Gerichte 51
39/a Kaldaunenpörkölt 52
39/b Pußtapörkölt 52
40. Hühner-, Lamm- oder
Kalbspaprikasch 55
41. Tokány auf Debrecziner Art . . . 56
42. Pfeffertokány 56
43. Tokány nach Gundel 56
44. Herányer Tokány 57
45. Tokány nach den Sieben
Stammesfürsten. 58
46. Széklergulasch 59
47. Tokány auf Csikós-Art 60
48. Siebenbürger geschichtetes Kraut. 60
49. Gefülltes Kraut 61
49/a Gefülltes Kraut
auf Kolozsvárer Art 62
49/b Schweinskotelett
auf Hargitaer Art 65
50. Hammel mit Weißkohl 66
51. Gefüllte Paprikaschoten
(Tomatensoße) 66
52. Ungarischer Rostbraten 67
52/a Rostbraten auf Hortobágyer
Art (Grießklöße) 67
52/b Rostbraten mit Letscho . . . 68
52/c Szegediner Rostbraten . . . 68
52/d Rostbraten
auf serbische Art. 68
52/e Rostbraten auf Csikós-Art. . 68
52/f Pfannenrostbraten. 69
52/g Rostbraten
auf Debrecziner Art 69
52/h Kasino-Rostbraten 69
53. Rostbraten nach
Csáky (Butternockerln) 70
54. Rostbraten nach Esterházy 71
55. Beefsteak nach Feszty 72

Inhaltsverzeichnis

56. Lendenschnitten auf Budapester Art 72
57. Kalbsrouladen mit Schinkenfüllung (Béchamelsoße) 73
58. Kalbsmedaillons auf ungarische Art 74
59. Ungarische Zubereitungsarten von Schweinskotelett 75
60. Jungschweinskotelett auf Tordaer Art 75
61. Kalbskoteletts auf Pittsburgher Art (Gänseleberpüree) 77
62. Kalbskoteletts nach Gundel . . . 77
63. Kalbsschnitzel auf Magyaróvárer Art 77
64. Hammelkoteletts auf Udvarhelyer Art 78
65. Saures Ferkelklein 79
66. Lammfleisch mit Estragon 79
67. Holzplattenfleisch 80
68. Pute mit Kastanien und Gänseleber 83
69. Gefülltes Huhn auf Siebenbürger Art 84
70. Gänseklein mit Reis 85
71. Gänsebraten in der Pfanne 86
72. Reh- oder Hasenfilets nach Kedvessy 86
73. Rebhuhn oder Fasan mit Wirsingkohl 87
74. Gefüllter Fasan nach Széchenyi . . 88
75. Wildschwein auf Feinschmeckerart 89

9. BEILAGEN, SALATE UND SOSSEN 93
76. Sauerkrautgemüse 93
77. Weißkohlgemüse 94
78. Gedünstetes Kraut 94
79. Kürbisgemüse 95
80. Grüne-Bohnen-Gemüse 96
81. Bohnengemüse (auch passiert) . . 97
82. Grüne-Erbsen-Gemüse mit Dill . 98
83. Letscho 98
84. Paprikakartoffeln in der Pfanne . . 99
85. Kartoffeln nach Alfölder Art . . . 100
86. Reis nach Batthyány 100
87. Spargel auf ungarische Art 101
88. Linsenpüree mit Geflügelleber . . 101
89. Mais in Sahne 102
90. Eiergraupen 103
91. Nockerln 104
92. Quarkklöße mit Dill 105
93. Äpfel nach Bayard 105
94. Paprikasalat 106
95. Gebratener Paprika mit Senf . . . 106
96. Salzgurken 107
97. Kopfsalat mit Speck 107
98. Gellért-Salat 108
99. Gundel-Salat 111
100. Károlyi-Salat 112
101. Kalte Paprikasoße 112

Inhaltsverzeichnis

102. Soße auf Csiker Art 113

10. NACHSPEISEN 114
103. Quarkfleckerln 114
104. Quarkklöße 115
105. Pflaumenknödel 116
106. Mustaschen 117
107. Schinkenfleckerln 118
108. Einfache Palatschinken 121
108/a Zitronenpalatschinken . . . 121
108/b Marmeladenpalatschinken . 122
108/c Mokkapalatschinken 122
108/d Kakaopalatschinken 122
109. Gundel-Palatschinken (Schokoladensoße) 122
110. Flambierte Quarkpalatschinken 123
111. Krautpalatschinken 124
112. Geschichtete Palatschinken 125
113. Palatschinken nach Szentgyörgyer Art 125
114. Gleitpalatschinken (Punschsoße) . 127
115. Strudelteig 128
115/a Obststrudel 129
115/b Nußstrudel 130
115/c Mandelstrudel 130
115/d Krautstrudel 130
115/e Mohnstrudel 130
115/f Schokoladenstrudel 130
115/g Quarkstrudel 130
116. Schusterstrudel 131
117. Nockerln nach Somlóer Art . . . 132
118. Pflaumenkuchen 133
119. Quarkkuchen nach Rákóczi . . . 134
120. Rigó Jancsi 135
121. Parfait nach Gellért 136
122. Gefüllte Melone 137
123. Beschwipste Aprikosenmarmelade 138
124. Garnierter Liptauer Käse 138

11. NACHWORT 139

Károly Gundel